Johanna Handschmann

Weihnachts-plätzchen

Inhalt

Die Klassiker, die jeder mag: Buttergebäck und Schachbrettplätzchen.

Zu feinem Mandelgebäck kann niemand nein sagen.

Mit Whisky verfeinert – so schmecken Plätzchen herrlich.

Wie kleine Muffins: Plätzchen mit kandiertem Ingwer.

Kernige Sonnenblumenplätzchen sind ideal zum Mitnehmen.

Klein, aber oho!

Mit Plätzchen aus der eigenen Küche stellen Sie sicher, dass im Gebäck keine unerwünschten Zusatzstoffe sowie keine Zutaten, die ein Familienmitglied nicht mag oder nicht essen darf, enthalten sind.

Plätzchen sind bei Jung und Alt sehr beliebt. Und sie schmecken viel zu gut, als dass man sie nur in der Weihnachtszeit anbieten sollte. In der Tat gibt es jede Menge Plätzchensorten, die zu jeder Jahreszeit Saison haben. Sie passen beispielsweise zu Tee, Kaffee, zu cremigen und fruchtigen Desserts oder zu Eis.

Viele der in diesem Buch vorgestellten Plätzchenrezepte sind ohne großen Aufwand zuzubereiten, so dass man davon auch zwischendurch schnell einmal ein Blech backen kann. Nicht zuletzt auch, weil Plätzchenüberraschungen das ganze Jahr über bei vielen Gelegenheiten willkommen sind: Selbst gebackene Plätzchen können z. B. als kleines persönliches Geschenk viel Freude bereiten. Weiter hat Selbstgebackenes den Vorteil, dass man über die Zutaten selbst entscheiden kann, je nach persönlichem Qualitätsanspruch, Vorlieben und speziellen Bedürfnissen.

Besonders schnell und unkompliziert gemacht sind die Plätzchen aus Eiweißteig, die so genannten Makronen.

Praktische Geräte

Grundsätzlich können alle Teige nach klassischer Art ohne den Einsatz von Maschinen hergestellt werden. Es ist jedoch oft schneller und bequemer, die Teige mit Hilfe von Rührgeräten oder Küchenmaschinen zuzubereiten. Daher sind die Beschreibungen in den Rezepten neutral gehalten.

Handrührer

Sie sind, sofern Sie in haushaltsüblichen Mengen und nicht zu häufig backen, für unsere Plätzchenrezepte völlig ausreichend.

Küchenmaschinen

Besonders praktisch sind die so genannten »Kompakt-Küchenmaschinen«. Diese sind neben Knethaken und Rührbesen auch mit einem rotierenden Messer ausgestattet, ähnlich wie beim Blitzhacker. Mit diesen Küchenmaschinen kann man sowohl Teige kneten und rühren als auch Zutaten zerkleinern.

Blitzhacker und Mandelmühle

Elektrische Blitzhacker sind praktisch zum Hacken von Nüssen, auch in Kombination mit Schokolade, sowie zum Zerkleinern von Zitronat und anderen Trockenfrüchten. Mit der klassischen Mandelmühle lassen sich Nusskerne aller Sorten manuell fein reiben.

Teigrolle

Holzteigrollen sollten während des Ausrollens öfter mit Mehl bestäubt werden. Noch praktischer sind Teigrollen mit Teflonbeschichtung: Hier bleibt der Teig auch ohne Einmehlen nicht kleben.

Palette

Eine Palette ist beim Plätzchenbacken unentbehrlich. Mit der dünnen Metallfläche kann man beim Auswellen den Teig immer wieder vom Untergrund trennen, die ausgestochenen Plätzchen sicher auf das Blech transportieren und nach dem Backen vom Blech nehmen.

Kuchengitter

Auf runden oder eckigen Drahtgestellen können Plätzchen schnell abkühlen, ohne dass Sie unten feucht werden.

Zutaten

Mehl

Für die Plätzchenrezepte sind folgende Mehle geeignet:
- Weizenmehl Type 405 oder 550,
- Thermomehl und
- Dinkelmehl.

Die Rezepte sind unter anderem mit Dinkelmehl Type 630 und 1050 getestet worden.

Nüsse und Samen

Nüsse am besten im Ganzen kaufen und in einer Nussmühle fein reiben oder im Blitzhacker fein zerkleinern. So bringen die Nüsse bestes Aroma und sind zudem ohne Schalenteile. Wer kein Zerkleinerungsgerät besitzt, greift auf gemahlene Produkte zurück. Diese jedoch niemals lange lagern, da zerkleinerte Nüsse schnell ranzig werden.

Möglichst frische und hochwertige Zutaten spielen auch beim Backen eine große Rolle.

Süßungsmittel

Zum Süßen von Plätzchen eignet sich in erster Linie weißer und brauner Zucker. Honig, Sirup, Dicksäfte oder Rübenkraut sollte man nur verwenden, wenn der Eigengeschmack des Süßungsmittels, z. B. bei Lebkuchen, erwünscht ist.

Eier

Für alle hier vorgestellten Plätzchenrezepte werden Eier in mittlerer Größe benötigt.

Vanille

Vanille gibt es mit dezentem Aroma in Form von Vanillezucker, intensiver in fein gemahlener Form oder mit dem besten Aroma als Mark in den ganzen Schoten. Da diese relativ teuer sind, sollte man sie weiterverwenden: Die ausgekratzten Schoten mit Zucker in ein Schraubglas geben, so hat man bereits nach kurzer Zeit aromatischen eigenen Vanillezucker auf Vorrat.

Entsprechend dem modernen Süßungsverhalten und dem allgemein empfohlenen mäßigen Einsatz von Süßungsmitteln wurden die Zuckermengen von klassischen Rezepten – sofern es Rezept und Geschmack erlaubten – gegenüber den traditionellen Vorgaben leicht reduziert.

Von Z bis A

Sehr praktisch beim Backen sind Waagen mit Zuwiegetechnik. Am genauesten sind digitale Waagen, was besonders bei Biskuit- und Makronenteigen sinnvoll ist.

Hühnereier werden in den Größen S, M, L und XL angeboten. Wenn nicht anders angegeben, werden in den Rezepten mittelgroße Eier (M) verwendet.

Zutaten vorbereiten und bereitstellen

- Im Kühlschrank gelagerte Backzutaten immer 1 bis 2 Stunden vor der Verarbeitung herausnehmen, damit alle Zutaten die gleiche Temperatur haben. Dies ist besonders für Rührteige wichtig. Lediglich die Eier, die für Eischnee benötigt werden, sollten direkt aus dem Kühlschrank kommen, oder Sie stellen das getrennte Eiweiß einfach bis zur Verwendung wieder kalt.
- Alle Zutaten für die Plätzchenküche am besten abwiegen. Das Abmessen der Zutaten mit einem Messbecher ist nicht so ideal, da es bei vielen Plätzchenrezepten auf die genaue Zutatenmischung ankommt. Lediglich die Buttermenge kann man ganz einfach durch Teilen des Butterstücks ermitteln: 125 Gramm Butter ist das halbe Butterstück (250 Gramm), 60 Gramm entsprechen dem geviertelten 250-Gramm-Stück. Flüssigkeitsmengen mit dem Messbecher abmessen oder ebenfalls einfach abwiegen (1 Milliliter entspricht bei allen wasserähnlichen Flüssigkeiten etwa 1 Gramm).
- Um zügig arbeiten zu können, sollten Sie vor Arbeitsbeginn alle Zutaten abwiegen und bereitstellen.
- Eier immer separat über einer Tasse aufschlagen. Zum Trennen von Eigelb und Eiweiß gibt es praktische Eitrenner, die besonders bei dünnschaligen Eiern hilfreich und zudem sehr hygienisch sind, da damit das Eiweiß nicht über die Schale läuft.
- Beim Abreiben von Orangen- oder Zitronenschale ist es praktisch, ein Stück Pergamentpapier auf die Reibe zu legen. Beim Abreiben drückt sich das Papier an die Reibe an, danach das Papier abziehen und die Schalenreste einfach abstreifen.

Formen von Plätzchen

- Viele Teige kann man einfach zur Rolle formen, kühl stellen, dann in Scheiben schneiden und backen. Diese Methode ist ideal, wenn es schnell gehen muss.
- Dekorativer werden die Plätzchen mit der Ausstechmethode. Dafür muss der Teig ausgerollt werden. Damit auch fettreiche Teige nicht zu sehr kleben, den Teig einfach zwischen zwei Lagen Frischhaltefolie auswellen. Die Teigplatten mit belie-

bigen Formen ausstechen. Für besondere Formen können Sie auch mit selbst hergestellten Papierschablonen arbeiten. Diese einfach auf den Teig legen und mit einem Messer die Konturen ausschneiden.

- Als eine einfache Ausstechhilfe kann man Gläser mit verschiedenen Durchmessern benutzen. Damit lassen sich Kreise und Halbmonde ausstechen.
- Mit Spritzbeutel oder Gebäckspritze lassen sich etwas weichere Teige, wie z. B. für Spritzgebäck, schnell in kleinen und dekorativen Formen auf das Blech bringen. Eine Anschaffung, die sich für Plätzchenfans auf jeden Fall lohnt!

Backen

- Den Backofen erst einschalten, wenn Sie die Plätzchen formen und auf das Blech legen. Es dauert nur 10 bis 15 Minuten, bis der Ofen die richtige Temperatur hat. Längere Vorheizzeiten verbrauchen zu viel Energie. Beachten Sie, dass beim Backen von mehreren Blechen hintereinander die nachfolgenden Plätzchen eine etwas kürzere Backzeit haben können.
- Backöfen können je nach Hersteller bei gleicher Einstellung unterschiedliche Backergebnisse zeigen. Daher die Plätzchen nach etwa zwei Drittel der Backzeit kontrollieren und eventuell eine andere Temperatur einstellen oder die Plätzchen länger oder kürzer backen. Die Angaben in diesem Buch sind nur Richtwerte.
- Backen auf mehreren Blechen: Wenn nur ein Backblech zur Verfügung steht, die zweite Plätzchenportion auf ein zugeschnittenes Backpapier legen. Die gebackenen Plätzchen mit dem Backpapier vom Blech abheben, die vorbereitete Lage über die flache Kante auf das Blech setzen und sofort zum Weiterbacken in den Ofen geben.

Aufbewahren

- Zum Aufbewahren möglichst immer nur eine Plätzchensorte, damit sich die Aromen nicht vermischen, in eine Dose packen. Das Gebäck vorher immer auskühlen lassen. Bei empfindlichen Sorten Pergamentpapier dazwischen legen.
- Knuspriges Gebäck muss luftdicht verschlossen aufbewahrt werden, sonst zieht es Feuchtigkeit.
- Besonders würzige Gebäcksorten, wie z. B. Lebkuchen, brauchen mindestens 1 Woche Ruhezeit zum Durchziehen. Lebkuchen immer sofort nach dem Auskühlen in die Behälter legen und gut gekühlt in geschlossenen Behältern aufbewahren, damit sie nicht trocken und hart werden.
- Fettreiches Buttergebäck sollte nicht länger als 4 bis 5 Wochen gelagert werden.

Beim Backen von Plätzchen aus Mürbeteig den Teig immer nur portionsweise ausrollen, so dass die geformten Plätzchen sofort gebacken werden können. Den restlichen Teig kühl gestellt lassen. Teigreste vom Ausstechen ebenfalls sofort wieder kühl stellen. Den Mürbeteig auch immer möglichst rasch ausrollen, sonst wird er zu weich und klebrig.

Besonders fein schmecken Plätzchen, wenn sie mit frisch gemahlenem Mehl zubereitet werden. Für »Vielbacker« lohnt sich die Anschaffung einer Getreidemühle.

Fürs ganze Jahr

Plätzchen haben immer Saison, denn Gelegenheiten, zu denen kleine süße Happen nicht fehlen dürfen, gibt es das ganze Jahr über: Was wäre ein italienischer Caffè ohne Kekse, ein Eis ohne kleines Gebäck dazu? Wie könnte ein Plausch beim Tee ohne Plätzchen gemütlich sein, was wäre ein langer Abend mit Freunden auf der Terrasse ohne etwas Knuspriges? Und nicht zuletzt liegen Plätzchen auch auf Büfetts als kleines, dekoratives und appetitliches Fingerfooddessert voll im Trend.

Tipps der Bäckerin

Achtung, Heidesand-Plätzchen nicht zu lange backen, denn wenn sie zu dunkel sind, schmecken sie bitter.
Zusätzlich passen auch noch Schokoplättchen oder -stückchen in den zart-sandigen Teig.

Schokoladenkuvertüre oder -glasur gibt es als Block sowie in kleinen Töpfchen oder Tüten. Letztere sind besonders praktisch, da man so die Schokolade in der Tüte schmelzen kann und nach Abschneiden einer kleinen Ecke der Tüte die flüssige Schokolade direkt über die Plätzchen gießen kann – ideal beispielsweise zum Aufbringen der Blattadern auf die Orangenblättchen.

Hier wurden die Orangenplätzchen mit der gesamten Unterseite in Schokoladenglasur getaucht.

Ohne Ei

Heidesand

Für etwa 60 Stück

250 g Butter
200 g Zucker
1 Prise Salz
1 Prise gemahlene Vanille
350 g Mehl
1 gestrichener TL Backpulver
2 EL Milch
Backpapier für das Blech

30 Minuten Arbeitszeit
60 Minuten Ruhezeit
10-15 Minuten Backzeit

1 Die Butter bei mittlerer Hitze leicht bräunen, etwas abkühlen lassen, in eine hitzebeständige Schüssel gießen und fest werden lassen.

2 Die Butter mit Zucker, Salz und Vanille schaumig rühren. Mehl und Backpulver vermischen und abwechselnd mit der Milch unter die Butterschaummasse rühren.

3 Aus dem Teig 3 bis 4 Zentimeter dicke Rollen formen, auf ein Brett legen und zugedeckt für 60 Minuten in den Kühlschrank stellen.

4 Den Backofen auf 180 °C (Umluft 160 °C, Gas Stufe 2–3) einstellen, ein Blech mit Backpapier auslegen.

5 Von den Teigrollen 5 Millimeter dicke Scheiben abschneiden, auf das Blech legen, auf der mittleren Schiene in 10 bis 15 Minuten hell backen.

Fein zum Tee

Orangenblättchen

Für etwa 50 Stück

80–100 g Zucker
125 g weiche Butter, 2 Eigelbe
abgeriebene Schale von
1 unbehandelten Orange
1 EL Orangensaft, 250 g Mehl
Backpapier für das Blech
Mehl für die Arbeitsfläche
100 g Schokoglasur zum Verzieren

30 Minuten Arbeitszeit
60 Minuten Ruhezeit
10 Minuten Backzeit

1 Zucker und Butter mit den Quirlen des Handrührers cremig rühren. Eigelbe, Orangenschale und -saft zugeben, etwa 5 Minuten rühren. Das Mehl zügig unterkneten und den Teig zu einer Kugel formen. Zugedeckt etwa 60 Minuten ruhen lassen.

2 Den Backofen auf 180 °C (Umluft 160 °C, Gas Stufe 2–3) einstellen, ein Blech mit Backpapier auslegen. Den Teig mit etwas Mehl etwa 5 Millimeter dünn auswellen. Blattformen ausstechen oder mit einem spitzen Messer ausschneiden.

3 Plätzchen auf das Blech legen, auf der mittleren Schiene in etwa 10 Minuten goldgelb backen, auf einem Kuchengitter abkühlen lassen.

4 Die Schokoglasur im Wasserbad schmelzen und damit Blattadern auf die Plätzchen zeichnen.

Schnell zubereitet

Vanillehäufchen

Tipp der Bäckerin

Wenn Sie keinen Spritzbeutel oder keine Gebäckspritze haben, können Sie den Teig auch mit zwei Teelöffeln auf das Blech setzen.

Für etwa 40 Stück

150 g Mehl
1/2 TL Backpulver
2 Päckchen Vanillepuddingpulver
1/2 TL gemahlene Vanille oder Mark von 1 Vanilleschote
3 Päckchen Vanillezucker
100 g weiche Butter
1 Ei
Backpapier für das Blech
etwa 40 Kürbiskerne oder Mandeln zum Verzieren

15 Minuten Arbeitszeit
15–20 Minuten Backzeit

1 Mehl mit Backpulver, Puddingpulver, Vanille und Vanillezucker vermischen. Butter und Ei einarbeiten und den Teig in einen Spritzbeutel oder eine Gebäckspritze mit großer Sterntülle füllen.

2 Den Backofen auf 180 °C (Umluft 160 °C, Gas Stufe 2–3) einstellen, ein Blech mit Backpapier auslegen.

3 Den Teig mit 1 Zentimeter Abstand in nussgroßen Häufchen auf das Blech spritzen. Jedes Plätzchen mit 1 Kürbiskern oder 1 Mandel belegen. Die Vanillehäufchen auf der mittleren Schiene in 15 bis 20 Minuten goldgelb backen.

Kakaopulver ist pulverisierte Kakaomasse, die unterschiedlich stark entölt sein kann. Je dunkler das Pulver, desto weniger Fett enthält es.

Variante für Buttergebäck

Schachbrettplätzchen

Für etwa 50 Stück

Teig für feines Buttergebäck (siehe Rezept Seite 15)
2 gehäufte EL Kakaopulver
1 gehäufter EL Puderzucker
2 EL Rum
Backpapier für das Blech

40 Minuten Arbeitszeit
60 Minuten Ruhezeit
10 Minuten Backzeit

1 Den Teig nach nebenstehendem Rezept zubereiten und unter eine Hälfte Kakaopulver, Puderzucker und Rum mischen. Jede Teigportion zur Rolle formen, in Frischhaltefolie wickeln und für mindestens 60 Minuten kühl stellen.

2 Den Backofen auf 200 °C (Umluft 180 °C, Gas Stufe 3–4) vorheizen. Ein Blech mit Backpapier auslegen. Die Teigrollen in der Folie mit einem Brett auf Fingerdicke zusammendrücken. Die Folie öffnen und die Teigstücke in der Mitte längs durchschneiden.

3 Die Teigstreifen schachbrettartig an- und übereinander legen und leicht festdrücken. Von der entstandenen Teigstange etwa 5 Millimeter dicke Scheiben abschneiden und mit 1 Zentimeter Abstand auf das Blech legen. Die Schachbrettplätzchen auf der mittleren Schiene etwa 10 Minuten backen.

Beliebter Klassiker

Feines Buttergebäck

Für etwa 60 Stück
300 g Mehl
100 g Zucker
1 Päckchen Vanillezucker
1 Ei
200 g kalte Butter
Backpapier für das Blech
Zum Bestreichen:
1 Eigelb
1 EL Sahne

30 Minuten Arbeitszeit
60 Minuten Ruhezeit
10–15 Minuten Backzeit

1 Mehl, Zucker und Vanillezucker vermischen. Das Ei unterrühren. Mit der Butter verkneten. Den Teig in Frischhaltefolie wickeln und 60 Minuten kühl stellen.

2 Den Backofen auf 200 °C (Umluft 180 °C, Gas Stufe 3–4) einstellen. Ein Blech mit Backpapier auslegen.

3 Den Teig mit etwas Mehl 5 Millimeter dick auswellen, beliebige Formen ausstechen und auf das Blech legen. Das Eigelb mit der Sahne verquirlen und die Plätzchen damit bestreichen. Plätzchen auf der mittleren Schiene in 10 bis 15 Minuten goldgelb backen.

Buttergebäck kann nach Lust und Laune ausgestochen werden. Die Schachbrettplätzchen bekommen durch die Schnitttechnik ihr einzigartiges Muster.

Zum Verzieren die mit Eigelb bestrichenen Plätzchen vor dem Backen nach Belieben mit Hagelzucker, bunten Perlen, gemahlenen Nüssen, Schokostreuseln oder Krokant bestreuen.

Gut aufzubewahren

Orangen-Schoko-Plätzchen

Für etwa 60 Stück

250 g Mehl
1 gestrichener TL Backpulver
100 g Zucker
1 Päckchen Vanillezucker
1 unbehandelte Orange oder
1 Päckchen getrocknete Orangenschale
1 Ei, 125 g Butter
100 g Zartbitterschokolade
Backpapier oder Fett für das Blech

20 Minuten Arbeitszeit
60 Minuten Kühlzeit
10–12 Minuten Backzeit

1 Das Mehl mit Backpulver, Zucker und Vanillezucker in einer Schüssel vermischen.

2 Die Orange heiß abwaschen, trocknen und die Schale dünn auf die Teigzutaten reiben oder die getrocknete Schale zugeben. Das Ei dazugeben. Die Butter in Stückchen darauf setzen. Alles zu einem Teig verkneten.

3 Die Schokolade mit einem Messer in kleine Stücke hacken und in den Teig kneten.

4 Aus dem Teig Rollen mit etwa 3 Zentimeter Durchmesser formen, auf ein Brettchen legen, mit Frischhaltefolie bedecken. Mit einem zweiten Brett etwas flach drücken. Für etwa 60 Minuten kühl stellen.

5 Den Backofen auf 180 °C (Umluft 160 °C, Gas Stufe 2–3) einstellen. Ein Blech mit Backpapier auslegen oder einfetten. Von den Teigstücken mit einem scharfen Messer 5 bis 6 Millimeter dicke Scheiben abschneiden und mit etwa 1 Zentimeter Abstand auf das Blech legen.

6 Die Plätzchen auf der mittleren Schiene des Backofens 10 bis 12 Minuten backen, bis die Ränder leicht gebräunt sind. Auf einem Kuchengitter auskühlen lassen.

Tipps der Bäckerin

Zusätzlich passen in den Teig für die Orangen-Schoko-Plätzchen auch noch 125 Gramm geriebene Nüsse.
Wenn Sie die Schokolade nicht selbst hacken wollen, können Sie auch fertige zartbittere Schokoladenplättchen verwenden.

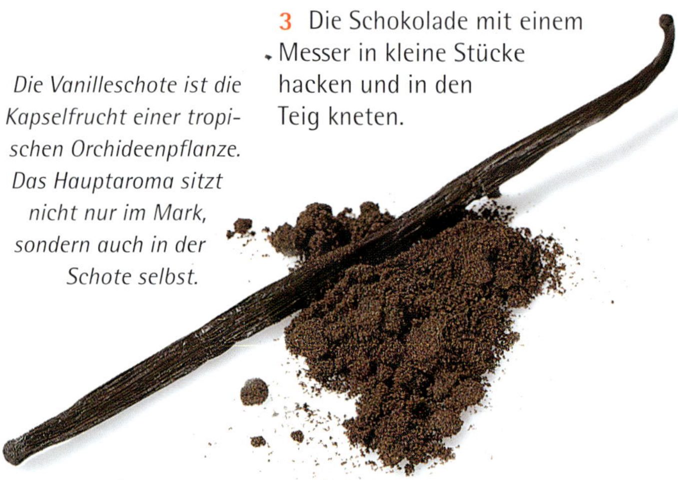

Die Vanilleschote ist die Kapselfrucht einer tropischen Orchideenpflanze. Das Hauptaroma sitzt nicht nur im Mark, sondern auch in der Schote selbst.

Gelingt leicht

Löffelbiskuits

Für etwa 70 Stück

Backpapier für das Blech
3 Eier
1 Prise Salz
1 TL Zitronensaft
60 g Zucker
1 Päckchen Vanillezucker
1/2 TL abgeriebene Schale von
1 unbehandelten Zitrone
75 g Mehl
50 g Puderzucker

30 Minuten Arbeitszeit
5–6 Minuten Backzeit

1 Den Backofen auf 220 °C (Umluft 200 °C, Gas Stufe 4–5) vorheizen. Ein Blech mit Backpapier auslegen.

2 Die Eier trennen. In der Teigschüssel zuerst Eiweiß mit Salz und Zitronensaft steif schlagen. Die Eigelbe dazugeben und etwa 3 Minuten weiterrühren.

3 Zucker und Vanillezucker nach und nach dazugeben und weiterschlagen, bis der Zucker gelöst und die Creme dickschaumig ist. Die Zitronenschale auf die Creme geben. Das Mehl darüber sieben und beides vorsichtig mit dem Schneebesen unterheben.

4 Die Biskuitmasse in einen Spritzbeutel oder eine Gebäckspritze mit breiter Tülle füllen und auf das Blech 8 bis 10 Zentimeter lange Teigstücke mit etwa 5 Zentimeter Abstand spritzen.

5 Den Puderzucker durch ein Sieb über die Teigstangen stäuben. Diese auf der mittleren Schiene im vorgeheizten Ofen in 5 bis 6 Minuten hellbraun backen.

Tipps der Bäckerin

Die leichten, fettarmen Löffelbiskuits passen zu Eis, Desserts oder zu einer Tasse Kaffee oder Tee.
Den Zitronengeschmack können Sie auch mit getrockneter Zitronenschale oder Zitronen-Backaroma erreichen.

Gut aufzubewahren

Mandelstangen

Für etwa 24 Stück
- 125 g Mandeln
- 2 Eiweiß
- 1 Prise Salz
- 100 g Zucker
- 1 EL Mandellikör (Amaretto)
- 4 Tropfen Bittermandel-Backaroma
- 80 g Mehl
- Backpapier für das Blech
- 3–4 EL gehackte Mandeln für die Arbeitsfläche

Mandeln werden vielseitig im Handel angeboten: im Ganzen, gehäutet, gemahlen, gehackt oder in Form von Mandelblättchen und -stiften.

30 Minuten Arbeitszeit
10 Minuten Backzeit

1 Die Mandeln fein reiben oder im Blitzhacker fein zerkleinern. Eiweiß mit Salz steif schlagen, nach und nach Zucker dazugeben. Schlagen, bis ein Messerschnitt sichtbar bleibt. Mandeln, Amaretto, Mandel-Backaroma und Mehl unterheben.

2 Den Backofen auf 170 °C (Umluft 150 °C, Gas Stufe 2) einstellen und ein Blech mit Backpapier auslegen.

3 Von der Masse esslöffelgroße Portionen abnehmen und daraus auf der mit den Mandeln bestreuten Arbeitsfläche fingerlange Rollen formen. Die Stangen mit 2 bis 3 Zentimeter Abstand auf das Blech legen.

4 Die Mandelstangen auf der mittleren Schiene in etwa 10 Minuten hellbraun backen und auf einem Kuchengitter auskühlen lassen.

Tipp der Bäckerin

Der Teig für die Mandelstangen lässt sich auch sehr gut durch einen Spritzbeutel oder eine Gebäckspritze ohne Tüllenaufsatz auf das Blech spritzen.

Tipp der Bäckerin

Anstelle von Mandeln können Sie für die Schokomakronen auch beliebige Nüsse verwenden.

Schnell zubereitet

Schokomakronen

Für etwa 80 Stück
200 g Mandeln
100 g Zartbitterschokolade
3 Eiweiß, 1 Prise Salz
150 g Zucker
1 Päckchen Vanillezucker
3 Tropfen Rum-Backaroma
Backpapier für das Blech oder etwa 80 Backoblaten (4 cm Ø)

30 Minuten Arbeitszeit
20–25 Minuten Backzeit

1 Mandeln und Schokolade fein reiben oder zusammen im Blitzhacker fein zerkleinern. Eiweiß mit dem Salz steif schlagen, Zucker und Vanillezucker einrieseln lassen und weiterschlagen, bis eine feste Masse entsteht, in der ein Messerschnitt sichtbar bleibt. Geriebene Mandeln, Schokolade und das Rum-Backaroma mit einem Schneebesen unterheben.

2 Den Backofen auf 150 °C (Umluft 140 °C, Gas Stufe 1) vorheizen und ein Blech mit Backpapier oder Backoblaten auslegen.

3 Die Masse mit zwei nassen Teelöffeln als kleine Häufchen auf das Blech oder die Oblaten setzen. Oder den Teig in einen Spritzbeutel oder eine Gebäckspritze mit weiter Tülle geben und aufspritzen. Die Makronen auf der mittleren Schiene 20 bis 25 Minuten backen.

Beliebter Klassiker

Nussecken

Für etwa 60 Stück
Für den Teig:
250 g Mehl, 70 g Zucker
1 Päckchen Vanillezucker
1 Ei, 125 g Butter
Für den Belag:
125 g Butter, 100 g Zucker
1 Päckchen Vanillezucker
300 g Mandeln, Haselnüsse und/oder Walnüsse, fein gerieben
Backpapier für das Blech
150–200 g Orangenmarmelade
100 g Schokoglasur zum Verzieren

30 Minuten Arbeitszeit
60 Minuten Ruhezeit
15–20 Minuten Backzeit

1 Mehl, Zucker, Vanillezucker und Ei vermischen. Butter in Stückchen dazugeben. Alles zum glatten Teig verkneten, zur Rolle formen, zugedeckt 60 Minuten kühl stellen.

2 Butter, Zucker, Vanillezucker und 3 Esslöffel Wasser in einem Topf aufkochen. Die Nüsse einrühren. Den Backofen auf 200 °C (Umluft 180 °C, Gas Stufe 3–4) einstellen.

3 Teig auf einem mit Backpapier belegten Blech auswellen, mit Marmelade, dann mit der Nussmasse bestreichen, auf der mittleren Schiene 15 bis 20 Minuten backen. Die Platte noch warm in Dreiecke schneiden. Glasur schmelzen und die Dreiecke mit den Ecken eintauchen.

Nussecken – spätestens seit Guildo Horn das absolute Trendgebäck.

Ohne Ei

Walnuss-Aprikosen-Kekse

Tipp der Bäckerin

Diese hauchzarten Kekse sind frisch gebacken etwas zerbrechlich, daher vorsichtig behandeln. Wenn sie zusammengesetzt sind, werden sie stabiler.

Für etwa 40 Stück

150 g Walnüsse, 400 g Mehl
150 g Zucker, 200 g Butter
4–5 Tropfen Bittermandel-Backaroma
1 Prise gemahlene Nelken
1 Prise Salz, 2 EL Rum
Backpapier für das Blech
3–4 EL Aprikosenmarmelade
Puderzucker zum Bestäuben

20 Minuten Arbeitszeit
40 Minuten Kühlzeit
10–15 Minuten Backzeit

1 Nüsse fein reiben oder im Blitzhacker fein zerkleinern. Mit Mehl und Zucker in eine Schüssel geben und alles vermischen. Die Butter in kleinen Stückchen darauf setzen, Mandel-Backaroma, Nelken, Salz und Rum dazugeben und alles zum glatten Teig verkneten. Für etwa 40 Minuten zugedeckt kühl stellen.

2 Ein Stück Frischhaltefolie auf die Arbeitsfläche legen, den Teig darauf legen und zu einer etwa 1 Zentimeter dicken Platte auswellen. Ein zweites Stück Folie darauf legen und den Teig 4 bis 5 Millimeter dick auswellen.

3 Den Backofen auf 180 °C (Umluft 160 °C, Gas Stufe 2–3) einstellen, ein Blech mit Backpapier auslegen.

4 Die obere Folie vom Teig abziehen und Kreise von etwa 6 Zentimeter Durchmesser ausstechen und dicht nebeneinander auf das Blech legen. Bei der Hälfte der Scheiben in der Mitte nochmals ein Loch ausstechen. Die Kekse auf der mittleren Schiene in 10 bis 15 Minuten goldbraun backen.

5 Die noch warmen Kekse ohne Loch mit der Marmelade bestreichen. Die Ringe auskühlen lassen, mit Puderzucker bestäuben und auf die Unterteile setzen.

Ingwerfans ersetzen das Ingwerpulver im Rezept durch 1 Teelöffel frisch geriebenen Ingwer.

Raffiniert

Schokoherzen mit Ingwer

Für etwa 50 Stück

400 g Mandeln
100 g bittere Schokolade
3 Eiweiß
1 Prise Salz
300 g Zucker
1 Päckchen Vanillezucker
1 Messerspitze Ingwerpulver
Backpapier oder Fett für das Blech
100 g Schokoglasur zum Bestreichen
6 eingelegte Ingwerstücke zum Belegen

60 Minuten Arbeitszeit
30 Minuten Backzeit

1 Die Mandeln und die Schokolade nacheinander fein reiben oder im Blitzhacker fein zerkleinern. Von den Mandeln 3 bis 4 Esslöffel zum Auswellen auf einen Teller geben.

2 Eiweiß mit dem Salz schaumig schlagen, dabei nach und nach Zucker und Vanillezucker dazugeben; schlagen, bis der Schnee schnittfest ist. Mandeln, Schokolade und Ingwer hinzufügen und alles zu einem glatten Teig verarbeiten.

3 Den Backofen auf 160 °C (Umluft 140 °C, Gas Stufe 1–2) vorheizen. Ein Blech mit Backpapier auslegen oder einfetten.

4 Den Teig auf der mit den restlichen gemahlenen Mandeln bestreuten Arbeitsfläche 5 Millimeter dick auswellen und Herzen ausstechen. Die Herzen mit 1 Zentimeter Abstand auf das Blech legen und auf der mittleren Schiene im heißen Ofen etwa 30 Minuten backen. Dann auf einem Kuchengitter auskühlen lassen.

5 Für die Glasur die Kuvertüre im Wasserbad schmelzen. Die Herzen mit der Glasur bepinseln oder eintauchen. Den Ingwer in feine Streifen schneiden, diese auf die noch weiche Schokolade legen und die Schokomasse erstarren lassen.

Die sind immer »herzlich willkommen«: Schokoladenplätzchen mit Ingwer.

Tipp der Bäckerin

Statt mit Ingwer können Sie die Schokoherzen auch mit gehackten Pistazien dekorieren.

Schokolade lässt sich viel leichter reiben, wenn man sie zuvor im Kühlschrank aufbewahrt hat.

Gelingt leicht

Mandel-Schoko-Plätzchen

Für etwa 80 Stück
100 g Mandeln
50 g Zartbitterschokolade
250 g Mehl
80–100 g Zucker
1 Prise Salz
1 EL Rum
200 g Butter
Backpapier oder Fett für das Blech
Mehl für die Arbeitsfläche
Zum Bestreichen:
1 Ei
60 g abgezogene gehackte Mandeln

30 Minuten Arbeitszeit
60 Minuten Ruhezeit
8–10 Minuten Backzeit

1 Mandeln und Schokolade fein reiben oder zusammen im Blitzhacker fein zerkleinern. Mehl, Zucker, Salz und Rum mit Mandeln und Schokolade vermischen. Die Butter in Stückchen dazugeben und unterkneten. Den Teig zu einer Kugel formen und in Frischhaltefolie gewickelt für 60 Minuten in den Kühlschrank legen.

2 Den Backofen auf 200 °C (Umluft 180 °C, Gas Stufe 3–4) einstellen. Ein Blech mit Backpapier auslegen oder einfetten.

3 Den Teig auf einer mit Mehl bestäubten Arbeitsfläche zu einer 3 bis 4 Zentimeter dicken Rolle formen und in knapp 1 Zentimeter dicke Scheiben schneiden.

4 Die Teigscheiben auf das Blech legen. Die Oberfläche mit verquirltem Ei bestreichen und mit den Mandeln bestreuen. Die Plätzchen auf der mittleren Schiene in 8 bis 10 Minuten hellbraun backen.

Tipp der Bäckerin

Falls Sie gefärbten Zucker bekommen, können Sie die Zitronenstangen damit – statt mit Hagelzucker – bestreuen.

Raffiniert

Zitronenstangen

Für etwa 80 Stück
250 g Mehl
175 g weiche Butter
80–100 g Zucker
1 unbehandelte Zitrone
1 Ei
3-4 EL Limoncello (Zitronenlikör), ersatzweise Zitronensaft
Backpapier oder Fett für das Blech
Zum Verzieren:
150 g Puderzucker
Zitronensaft oder Limoncello
Hagelzucker

30 Minuten Arbeitszeit
10–12 Minuten Backzeit

1 Mehl mit Butter und Zucker mit dem Handrührer verrühren. Die Zitrone heiß abwaschen, trocknen und die Schale dünn abreiben. Zitronenschale, Ei und Limoncello unter den Teig rühren.

2 Den Backofen auf 200 °C (Umluft 180 °C, Gas Stufe 3–4) vorheizen. Ein Blech mit Backpapier auslegen oder einfetten.

3 Den Teig in einen Spritzbeutel oder eine Gebäckspritze mit Sterntülle füllen und 5 Zentimeter lange Stücke auf das Blech spritzen. Auf der mittleren Schiene 10 bis 12 Minuten backen.

4 Zum Verzieren Puderzucker mit Zitronensaft oder Limoncello verrühren und die Stangen zur Hälfte damit bestreichen. Mit Hagelzucker bestreuen.

Dekorativ

Zimtbrezeln

Für etwa 90 Stück
250 g Mehl
100 g Zucker
2 gehäufte TL Zimtpulver
1 Prise Salz
1 Ei
40 g Crème fraîche
125 g weiche Butter
Zum Bestreuen:
1 EL Zucker
1 Päckchen Vanillezucker
2 TL Zimtpulver
Backpapier oder Fett für das Blech
Mehl für die Arbeitsfläche

10 Minuten Arbeitszeit
30 Minuten Ruhezeit
8–10 Minuten Backzeit

1 Mehl mit Zucker, Zimt und Salz vermischen. Ei und Crème fraîche einrühren. Die Butter in Stückchen aufsetzen und unterkneten. Den Teig für etwa 30 Minuten zugedeckt kühl stellen.

2 Für den Zimt-Zucker zum Bestreuen Zucker, Vanillezucker und Zimt auf einem flachen Teller vermischen. Den Backofen auf 200 °C (Umluft 180 °C, Gas Stufe 3–4) vorheizen. Ein Blech mit Backpapier auslegen oder einfetten.

3 Die Arbeitsfläche leicht mit Mehl bestäuben. Den Teig darauf etwa 3 bis 4 Millimeter dick auswellen und mit einem Messer in 15 Zentimeter breite Streifen schneiden. Davon quer 5 Millimeter breite Streifen abschneiden, zu Brezeln formen, diese in die Zimt-Zucker-Mischung tauchen und mit 5 Millimeter Abstand auf das Blech legen.

4 Die Brezeln auf der oberen Schiene des Backofens in 8 bis 10 Minuten nicht zu dunkel backen. Die Brezeln herausnehmen und auf einem Kuchengitter auskühlen lassen.

Tipp der Bäckerin

Durch die »Schnitttechnik« sind die Brezeln blitzschnell und wesentlich leichter zu formen als mit gerolltem Teig.

Zimtstangen sind abgelöste und getrocknete Rindenstücke des Zimtbaums. Beim Backen ist Zimt nur in vermahlener Form von Bedeutung.

Feines Mitbringsel

Walnuss-Schoko-Taler

Stärkemehl enthält lediglich die Stärkeanteile des Ausgangsprodukts (Weizen, Kartoffel, Mais), jedoch keinen Kleberanteil, der beim Backen eine Art luftiges Gerüst bildet. Dadurch wird Gebäck mit Stärkezusatz sehr feinporig.

Für etwa 50 Stück

Für den Teig:
180 g Mehl
70 g Stärkemehl
70 g Zucker
1 Päckchen Vanillezucker
1 Ei
150 g Butter
Backpapier oder Fett für das Blech
Mehl für die Arbeitsfläche

Für den Belag:
200 g Marzipanrohmasse
100 g Puderzucker

Zum Bestreichen:
2–3 EL Aprikosen- oder Orangenkonfitüre

Zum Verzieren:
etwa 125 g Schokoglasur
50 Walnusshälften (etwa 200 g)

Zur Dekoration der Walnuss-Schoko-Taler knacken Sie am besten selbst Walnüsse und lösen die Hälften vorsichtig aus den Schalen.

30 Minuten Arbeitszeit
60 Minuten Ruhezeit
8 Minuten Backzeit

1 Mehl, Stärkemehl, Zucker und Vanillezucker vermischen. Das Ei dazugeben und die Butter in Stückchen darauf setzen. Die Zutaten zu einem Teig verkneten, zur Kugel formen und in Frischhaltefolie gewickelt etwa 60 Minuten im Kühlschrank ruhen lassen.

2 Den Backofen auf 200 °C (Umluft 180 °C, Gas Stufe 3–4) einstellen. Ein Blech mit Backpapier auslegen oder einfetten.

3 Die Arbeitsfläche leicht mit Mehl bestäuben, den Teig 3 bis 4 Millimeter dick auswellen, runde Plätzchen von etwa 3 bis 4 Zentimeter Durchmesser ausstechen, auf das Blech legen und auf der mittleren Schiene in etwa 8 Minuten goldgelb backen.

4 Für den Belag Marzipan mit dem Puderzucker verkneten, zwischen Frischhaltefolie etwa 4 Zentimeter dick auswellen und in der gleichen Größe wie die Plätzchen ausstechen.

5 Die Plätzchen nach dem Auskühlen dünn mit Konfitüre bestreichen und die Marzipanscheiben darauf setzen.

6 Die Schokoglasur schmelzen und die Plätzchen darin eintauchen oder oben und seitlich damit bestreichen. Die Walnusshälften in die Mitte setzen und die Glasur fest werden lassen.

Tipp der Bäckerin

Sehr fein werden die Taler auch mit einem Überzug aus Fondant statt Marzipanscheiben und Schokoglasur. Er ist als Fertigprodukt erhältlich. Unter den geschmolzenen Fondant etwas flüssige Schokolade rühren und die Taler damit überziehen.

Tipp der Bäckerin

Wenn Sie häufig Plätzchen backen, können Sie statt normalem Backpapier auch Dauerbackpapier nehmen. Dieses hält bei sachgerechter Verwendung nahezu unbegrenzt. Backreste lassen sich einfach mit einem feuchten Tuch abwischen. Sie erhalten Dauerbackpapier im Haushaltswarengeschäft.

Ohne Ei

Mandelplätzchen mit Amaretto

Für etwa 50 Stück
- 100 g Mandeln
- 150 g weiche Butter
- 80–100 g Zucker
- 1 Päckchen Vanillezucker
- 1 Prise Salz
- 200 g Mehl
- 2 TL Mandellikör (Amaretto)
- Mehl für die Arbeitsfläche
- Backpapier für das Blech

40 Minuten Arbeitszeit
30 Minuten Ruhezeit
12–15 Minuten Backzeit

1 Die Mandeln mit heißem Wasser überbrühen, kurz ziehen lassen, aus der Schale drücken, abtrocknen und fein reiben oder im Blitzhacker fein zerkleinern.

2 Butter mit Zucker, Vanillezucker und Salz mit dem Handrührer cremig rühren. Mehl, geriebene Mandeln und Amaretto einrühren. Den Teig auf einer leicht bemehlten Arbeitsfläche zu einer 4 bis 5 Zentimeter dicken Rolle formen, abgedeckt 30 Minuten im Kühlschrank ruhen lassen. Den Backofen auf 200 °C (Umluft 180 °C, Gas Stufe 3–4) vorheizen.

3 Teigrolle in 5 Millimeter dicke Scheiben schneiden, diese mit 1 bis 2 Zentimeter Abstand auf das mit Backpapier belegte Blech legen. Die Plätzchen auf der mittleren Schiene in 12 bis 15 Minuten hellbraun backen und abkühlen lassen.

Fein zum Tee

Zimtplätzchen

Für etwa 100 Stück
- 125 g Haselnüsse (ersatzweise Mandeln)
- 125 g weiche Butter
- 125 g Puderzucker
- 1 Päckchen Vanillezucker
- 2 gestrichene TL Zimtpulver
- 1 TL gemahlene Nelken
- 1 Prise Salz
- 2 Eier
- 300 g Mehl
- Mehl für die Arbeitsfläche
- Backpapier oder Fett für das Blech
- 200 g Halbbitterkuvertüre zum Verzieren

50 Minuten Arbeitszeit
60 Minuten Ruhezeit
10–12 Minuten Backzeit

Nelken sind die getrockneten Blüten des Gewürznelkenbaums. Ihr ätherisches Öl und der feurig-würzige Geschmack wärmen von innen.

1 Den Backofen auf 200 °C (Umluft 180 °C, Gas Stufe 3–4) einstellen. Die Haselnüsse auf ein Backblech geben und im heißen Ofen 12 bis 15 Minuten rösten. Die Nüsse leicht abkühlen lassen und die braunen Häutchen abreiben. Die Nüsse fein reiben oder im Blitzhacker fein zerkleinern.

2 Die Butter mit Puderzucker, Vanillezucker, Zimt, Nelken und Salz verrühren. Die Eier einrühren. Haselnüsse und Mehl einarbeiten. Den Teig zu einer Kugel formen, in Frischhaltefolie einwickeln und für etwa 60 Minuten in den Kühlschrank stellen.

3 Den Teig auf einer bemehlten Arbeitsfläche etwa 5 Millimeter dick auswellen und Plätzchen in beliebigen Formen ausstechen. Die Plätzchen auf ein mit Backpapier belegtes oder eingefettetes Blech setzen und im heißen Ofen auf der mittleren Schiene in 10 bis 12 Minuten goldbraun backen.

4 Zum Verzieren der Zimtplätzchen die Kuvertüre im warmen Wasserbad schmelzen. Die Plätzchen leicht abkühlen lassen, zur Hälfte in die geschmolzene Schokolade tauchen, auf Pergament- oder Backpapier setzen und die Schokoladenglasur trocknen lassen.

Zimtplätzchen: hübsch in Rauten geschnitten und zur Hälfte in Kuvertüre getaucht.

Kuvertüre hat einen hohen Gehalt an Kakaobutter, was dazu führt, dass sie leicht schmilzt, keine Klumpen bildet und gut fließt.

Für Weihnachten

Weihnachtsgebäck versüßt uns die dunklen Tage, bringt uns mit seinem aromatischen Duft in Feststimmung. Und es begleitet uns schon durch die Vorweihnachtszeit, denn bereits Wochen im Voraus können Lebkuchen und Printen gebacken werden – sie sollten vor dem Anbeißen noch eine gute Weile durchziehen, weich und saftig werden. Auch Gewürzplätzchen brauchen eine Zeit lang, bis sie ihr Aroma entfaltet haben, und warten bereits vor dem Fest in der Dose. Doch erst kurz vor Weihnachten sind dann die anderen kleinen Leckereien aus Mürbeteig, Backpulverteig und Eiweißteig dran, denn sie schmecken ganz frisch am besten.

Raffiniert

Haselnusshütchen

Tipps der Bäckerin

Da diese Plätzchen sehr kompakt sind und nicht auseinander laufen, kann man sie sehr dicht nebeneinander auf das Blech setzen.

Noch feiner sind die Plätzchen, wenn man nur etwa haselnussgroße Portionen der Masse in die Mitte setzt und die Ränder zu dreispitzähnlichen Hütchen zusammendrückt.

Diese feine Geschmackskombination von zartknusprigem Mürbeteig, weicher Makronenmasse und der gerösteten Nuss gehört zu meinen Plätzchenfavoriten.

Für etwa 80 Stück

Für den Teig:

250 g Mehl
1/2 TL Backpulver
80 g Zucker
1 TL abgeriebene Schale von 1 unbehandelten Zitrone (ersatzweise getrocknete Zitronenschale)
2 Eigelbe
125 g kalte Butter

Für die Füllung:

70 g Haselnüsse
2 Eiweiß
1 Prise Salz
1 TL Zitronensaft
20 g Zucker
1 TL Rum
Backpapier oder Fett für das Blech
Mehl für die Arbeitsfläche
etwa 80 ganze Haselnüsse zum Verzieren

50 Minuten Arbeitszeit
30–60 Minuten Ruhezeit
15–20 Minuten Backzeit

1 Mehl mit Backpulver in eine Schüssel geben. Zucker und Zitronenschale untermischen. Die Eigelbe einrühren. Die Butter in Stückchen auf den Zutaten verteilen und alles zu einem glatten Teig verkneten. Den Teig zu zwei Kugeln formen, in Frischhaltefolie wickeln und für 30 bis 60 Minuten in den Kühlschrank legen.

2 Für die Füllung die Haselnüsse reiben oder im Blitzhacker fein zerkleinern. In einem schmalen Rührbecher Eiweiß mit Salz und Zitronensaft steif schlagen. Den Zucker einrühren und weiterrühren, bis er vollständig aufgelöst ist. Die Nüsse mit dem Rum vorsichtig unter die Ei-Zucker-Masse heben.

3 Den Backofen auf 200 °C (Umluft 180 °C, Gas Stufe 3–4) einstellen. Ein Blech mit Backpapier auslegen oder einfetten.

4 Den Teig auf der leicht bemehlten Arbeitsfläche leicht auswellen, ein Stück Frischhaltefolie darauf legen und den Teig 3 bis 4 Millimeter dünn auswellen. Den Teig mit einer Palette vorsichtig von der Arbeitsfläche lösen.

5 Aus dem Teig runde Plätzchen von etwa 4 Zentimeter Durchmesser ausstechen und diese mit knappem Abstand (5 bis 10 Millimeter) auf das Blech setzen. Mit zwei Teelöffeln walnussgroße Portionen Nussmasse in die Mitte der Plätzchen setzen.

6 Die Plätzchenränder mit drei Fingern gleichzeitig an drei Seiten zusammen- und leicht festdrücken. In die Mitte der Plätzchen je 1 Haselnuss setzen.

7 Die Plätzchen auf der mittleren Schiene 15 bis 20 Minuten backen, bis die Ränder leicht gebräunt sind. Die Plätzchen auf einem Kuchengitter auskühlen lassen.

Beliebter Klassiker

Vanillekipferl

Für etwa 50 Stück
100 g Mandeln
150 g weiche Butter
80–100 g Zucker
2 Eigelbe
Mark von 1 Vanilleschote oder
1 TL gemahlene Vanille
1 Prise Salz
300 g Mehl
Backpapier oder Fett für das Blech
Zum Wälzen:
2 Päckchen Vanillezucker
50 g Puderzucker

40 Minuten Arbeitszeit
30–60 Minuten Ruhezeit
12–15 Minuten Backzeit

1 Die Mandeln fein reiben oder im Blitzhacker fein zerkleinern. 50 Gramm davon auf einen Teller geben und beiseite stellen.

2 Butter mit Zucker cremig rühren. Eigelbe, Vanille und Salz hinzufügen und noch 2 bis 3 Minuten rühren. Mehl und gemahlene Mandeln dazugeben und alles zu einem geschmeidigen Teig verarbeiten.

3 Den Teig zu mehreren Rollen von etwa 4 Zentimeter Durchmesser formen und diese in Frischhaltefolie gewickelt für 30 bis 60 Minuten in den Kühlschrank legen. Den Backofen auf 180 °C (Umluft 160 °C, Gas Stufe 2–3) einstellen und ein Blech mit Backpapier auslegen oder einfetten.

4 Von den Teigrollen etwa 5 Millimeter dicke Scheiben abschneiden und zwischen den Handflächen zu 7 bis 8 Zentimeter langen Rollen formen, die sich nach außen hin verjüngen, oder den Teig portionsweise zu etwa 1 Zentimeter dicken Rollen formen. Diese Rollen mit schräg laufenden Schnitten in Stücke von jeweils 7 bis 8 Zentimeter Länge schneiden.

5 Die Teigröllchen auf das Blech legen und zu Hörnchen biegen. Diese Kipferl auf der mittleren Schiene in 12 bis 15 Minuten hellbraun backen.

6 Die restlichen Mandeln mit Vanillezucker und Puderzucker vermischen. Die Kipferl noch warm in der Mandel-Zucker-Mischung wälzen und auf einem Kuchengitter auskühlen lassen.

Tipp der Bäckerin

Für die Vanillekipferl können die Mandeln geschält oder ungeschält verwendet werden. Mit geschälten, gemahlenen Mandeln werden die Plätzchen etwas heller.

Praktisch für große und kleine Plätzchenmengen: das ausziehbare Backblech.

Gut aufzubewahren

Terrassenplätzchen

Für etwa 30 Stück

150 g weiche Butter
100 g Zucker
1 Päckchen Vanillezucker
1 Ei, 1 Prise Salz
300 g Mehl
2 gestrichene TL Backpulver
Mehl für die Arbeitsfläche
Backpapier für das Blech
3–4 EL Konfitüre zum Bestreichen

40 Minuten Arbeitszeit
30–60 Minuten Ruhezeit
8–10 Minuten Backzeit

1 Butter, Zucker, Vanillezucker cremig rühren. Ei, Salz und die Hälfte des Mehls einrühren, den Rest mit dem Backpulver unterkneten. Teig für 30 bis 60 Minuten kühl stellen.

2 Den Backofen auf 200 °C (Umluft 180 °C, Gas Stufe 3–4) einstellen. Teig mit wenig Mehl dünn auswellen. Plätzchen in drei Größen ausstechen und auf ein mit Backpapier belegtes Blech legen. Auf der mittleren Schiene 8 bis 10 Minuten backen.

3 Alle kleinen und mittleren Plätzchen auf der Unterseite mit Konfitüre bestreichen. Die Plätzchen terrassenförmig aufeinander setzen.

Terrassenplätzchen – Genuss in mehreren feinen Schichten.

Tipp der Bäckerin

Besonders schön sieht es aus, wenn Sie die zusammengesetzten Terrassenplätzchen mit Puderzucker bestäuben.

Dekorativ

Zimtsterne

Tipp der Bäckerin

Zimtsterne dürfen nicht zu lange backen und nicht zu trocken werden, damit sie innen noch saftig sind. Sollten die Plätzchen dennoch einmal zu hart geworden sein, zu den Plätzchen in die Dose einfach 2 bis 3 Apfelschnitze legen. Diese nach 2 bis 3 Tagen wieder entfernen.

Zutaten für etwa 60 Stück

400 g Mandeln
100 g Haselnüsse
3 Eiweiß
1 TL Zitronensaft
1 Prise Salz
250 g Puderzucker
1 gehäufter EL Zimtpulver
Backpapier oder Fett für das Blech

60 Minuten Arbeitszeit
3–4 Stunden Ruhezeit
10–15 Minuten Backzeit

1 Den Backofen auf 180 °C (Umluft 160 °C, Gas Stufe 2) vorheizen. Mandeln und Haselnüsse auf ein Blech legen und im heißen Ofen 15 bis 20 Minuten rösten. Die Nüsse leicht abkühlen lassen, dann fein reiben oder im Blitzhacker fein zerkleinern.

2 Eiweiß mit Zitronensaft, Salz und Puderzucker verrühren und nur halb steif schlagen. Etwa ein Drittel der Masse für die Glasur abnehmen.

3 Die geriebenen Mandeln und Nüsse mit dem Zimt vermischen und vorsichtig unter die Eiweiß-Zucker-Masse heben.

4 Ein Blech mit Backpapier auslegen oder einfetten. Die Masse zwischen zwei Lagen Frischhaltefolie etwa 1 Zentimeter dick auswellen. Die obere Folie abnehmen und die Glasur mit einem Pinsel nicht zu dick aufstreichen.

5 Ein Schälchen mit heißem Wasser bereitstellen. Einen Sternausstecher vor jedem Ausstechen zuerst in das heiße Wasser tauchen und die Zimtsterne so eng aneinander wie möglich ausstechen und dicht auf das Blech legen.

6 Den restlichen Teig wieder auswellen, mit Glasur bestreichen und daraus wieder Sterne ausstechen. Die Plätzchen vor dem Backen 3 bis 4 Stunden trocknen lassen.

7 Den Backofen auf 100 °C (Umluft 80 °C, Gas Stufe 1) einstellen und die Zimtsterne auf der mittleren Schiene in 10 bis 15 Minuten mehr trocknen lassen als backen. Die Plätzchen sind fertig, wenn sie auf der Unterseite nicht mehr feucht sind, d. h, wenn sie sich auf dem Blech leicht verschieben lassen.

Zimtsterne: nur echt mit der Eiweiß-Zucker-Glasur.

Sternanis und Nelken sind es, die den Printen den einzigartigen, unverwechselbaren Geschmack verleihen.

Ohne Ei

Printen

Für etwa 30 Stück
40 g brauner Zucker
100 g Birnendicksaft oder Zuckerrübensirup
50 g Butter
2 EL Milch
50 g Orangeat
1/2 TL gemahlener Anis
1/2 TL gemahlene Nelken
1 TL Zimtpulver
1 TL gemahlene Vanille
250 g Mehl
3 gestrichene TL Backpulver
Backpapier oder Fett für das Blech
Zum Verzieren:
2 EL Milch
50 g gehäutete Mandeln

30 Minuten Arbeitszeit
2 Stunden Ruhezeit
15 Minuten Backzeit

1 Zucker, Dicksaft oder Sirup, Butter und Milch in einen Topf geben, erwärmen, dann in eine Rührschüssel geben und abkühlen lassen.

2 Das Orangeat fein hacken und mit Anis, Nelken, Zimt und Vanille in die Butter-Zucker-Mischung geben. Mehl mit Backpulver vermischen, auf die Zutaten geben und alles unterkneten. Den Teig zugedeckt etwa 2 Stunden bei Zimmertemperatur ruhen lassen.

3 Den Backofen auf 200 °C (Umluft 180 °C, Gas Stufe 3–4) einstellen.

4 Ein Blech mit Backpapier auslegen oder einfetten.

5 Den Teig auf leicht bemehlter Arbeitsfläche oder zwischen Frischhaltefolie 4 bis 5 Millimeter dick auswellen und in etwa 3 x 7 Zentimeter große Rechtecke schneiden. Die Plätzchen mit 1 Zentimeter Abstand auf das Blech legen und mit der Milch bestreichen.

6 Die Mandeln längs halbieren oder stifteln und in Mustern auf die Printen legen; leicht andrücken. Die Printen auf der mittleren Schiene in etwa 15 Minuten goldbraun backen.

Tipp der Bäckerin

Die Printen sollten Sie vor dem Verzehr an einem kühlen Ort offen durchziehen lassen, damit sich die Aromen gut entfalten können und der Teig etwas weicher wird.

Die würzigen Printen gehören vor allem im Rheinland und in der Eifel zu den ältesten Weihnachtsgebäckarten. Bekannt sind besonders die Aachener Printen.

Tipp der Bäckerin

Statt Mandeln passen in die Honiglebkuchen auch Hasel- oder Walnüsse. Zusätzlich können Sie auch noch klein geschnittene getrocknete Pflaumen oder Aprikosen in den Honigkuchenteig mengen. Und anstelle der Einzelgewürze können Sie natürlich auch eine fertige Lebkuchengewürzmischung verwenden.

Die getrockneten Fäden des Samenmantels der Muskatnuss nennt man Muskatblüten oder Macis. Sie werden fein vermahlen wie Muskatnuss verwendet, sind aber milder und feiner als diese.

Gelingt leicht

Honiglebkuchen

Für etwa 30 Stück

500 g Honig
150 g brauner Zucker
5 EL Öl, 3 Eier
1 EL Zimtpulver
1 TL gemahlene Nelken
1/2 TL gemahlener Kardamom
je 1 Messerspitze gemahlene Muskatblüte und Ingwerpulver
650 g Mehl
1 Päckchen Backpulver
100 g Mandeln, 2 EL Zucker
100 g gehacktes Zitronat
100 g gehacktes Orangeat
Backpapier oder Fett für das Blech
1 Ei zum Bestreichen
etwa 100 g gehäutete halbierte Mandeln zum Verzieren

40 Minuten Arbeitszeit
35–40 Minuten Backzeit

1 Honig, Zucker, Öl und 5 Esslöffel Wasser in einem Topf unter Rühren erwärmen, dabei den Zucker auflösen. Die Mischung in eine Rührschüssel geben und abkühlen lassen.

2 Eier, Zimt, Nelken, Kardamom, Muskat und Ingwer in die fast abgekühlte Masse rühren. Mehl mit Backpulver mischen und einarbeiten.

3 Die Mandeln grob hacken und mit dem Zucker kurz rösten. Mit Zitronat und Orangeat unter den Teig kneten.

4 Den Backofen auf 180 °C (Umluft 160 °C, Gas Stufe 2–3) einstellen, ein Blech mit Backpapier auslegen oder einfetten. Den Teig gleichmäßig auf das Blech streichen. Das Ei verquirlen und den Teig damit bestreichen. Mit einem scharfen Messer die Linien für die Stücke markieren.

5 Die Mandelhälften in Mustern darauf verteilen; leicht andrücken. Die Teigplatte auf der mittleren Schiene 35 bis 40 Minuten backen. Noch warm in Rechtecke schneiden.

Beliebter Klassiker

Elisenlebkuchen

Für etwa 40 Stück

je 125 g Haselnüsse und Mandeln
je 80 g Zitronat und Orangeat
2 Eier
1 Prise Salz
70 g Zucker
1/4 TL gemahlene Nelken
1/4 TL gemahlene Muskatblüte
1 TL Zimtpulver
2 TL abgeriebene Schale von 1 unbehandelten Zitrone
etwa 40 Backoblaten (7 cm Ø)
50 g Vollmilchkuvertüre

40 Minuten Arbeitszeit
15–20 Minuten Backzeit

Ohne sie ist die Adventszeit fast undenkbar: Elisenlebkuchen mit und ohne Schokoladenglasur.

1 Die Hälfte der Haselnüsse und Mandeln fein reiben oder im Blitzhacker fein zerkleinern. Restliche Haselnüsse, Mandeln, Zitronat und Orangeat mit einem großen Messer oder im Blitzhacker mittelgrob hacken.

2 Die Eier mit 1 bis 2 Esslöffeln heißem Wasser schaumig schlagen. Salz und Zucker einrühren und weiterschlagen, bis eine dickschaumige Masse entstanden ist. Nelken, Muskatblüte, Zimt und Zitronenschale einrühren. Haselnüsse, Mandeln, Zitronat und Orangeat auf die Masse geben und vorsichtig mit einem Schneebesen unterheben.

3 Den Backofen auf 180 °C (Umluft 160 °C, Gas Stufe 2–3) einstellen und ein Backblech mit den Oblaten belegen.

4 Mit zwei Teelöffeln jeweils so viel Masse auf die Oblaten setzen, dass ein 5 Millimeter breiter Rand bleibt. Die Lebkuchen auf der mittleren Schiene des Backofens 15 bis 20 Minuten backen.

5 Die Kuvertüre im heißen Wasserbad schmelzen. Die Glasur streifenförmig über die Lebkuchen laufen lassen oder die Lebkuchen teilweise mit Glasur bestreichen und auf einem Kuchengitter auskühlen lassen.

Gut aufzubewahren

Spekulatius

Model sind die Plätzchenformen aus früheren Zeiten: Holzplatten, in die Figuren und Muster eingeschnitzt sind. Traditionell zeigen Spekulatiusmodel verschiedene Tierformen.

Für etwa 70 Stück

- 250 g Mehl
- 1/2 TL Backpulver
- 100 g Farinzucker (ersatzweise weißer Zucker)
- 1 Päckchen Vanillezucker
- 2 Tropfen Bittermandel-Backaroma
- 1 Messerspitze gemahlener Kardamom
- 1 Messerspitze gemahlene Nelken
- 1/2 TL Zimtpulver
- 1 Prise Salz
- 100 g Butter
- 1 Ei
- Backpapier oder Fett für das Blech
- Mandelblättchen zum Verzieren
- Mehl für die Arbeitsfläche

50 Minuten Arbeitszeit
8 Stunden Ruhezeit
10 Minuten Backzeit

Einen Hauch von Orient verströmen die erst direkt vor der Verwendung zerstoßenen Samen in den Kardamomkapseln.

1 Das Mehl mit Backpulver, Zucker, Vanillezucker, Bittermandel-Backaroma, Kardamom, Nelken, Zimt und Salz vermischen. Die Butter in Stückchen auf die Zutaten setzen. Das Ei dazugeben und alles mit den Händen zu einem glatten Teig verkneten.

2 Den Teig zu zwei Kugeln formen, in Frischhaltefolie wickeln und etwa 8 Stunden oder am besten über Nacht durchziehen lassen, so dass sich die Gewürzaromen bereits gut entfalten und verbinden können.

3 Den Backofen auf 200 °C (Umluft 180 °C, Gas Stufe 3–4) einstellen. Ein Blech mit Backpapier auslegen oder einfetten. Die Mandelblättchen gleichmäßig auf dem gesamten Blech verteilen.

4 Den Spekulatiusteig auf der leicht bemehlten Arbeitsfläche etwa 3 Millimeter dick auswellen. Beliebige, nicht zu kleine Formen ausstechen und die Plätzchen dicht an dicht auf das Blech legen, dabei darauf achten, dass die Plätzchen mit ihrer gesamten Fläche auf Mandelblättchen liegen.

5 Die Spekulatius auf der mittleren Schiene des Backofens in etwa 10 Minuten goldbraun backen.

Tipp der Bäckerin

Nach klassischem Rezept werden die Spekulatius in Modeln geformt. Dafür die Model mit Mehl bestäuben, den Teig in die Formen drücken und mit einem bemehlten Messer den überstehenden Teig abschneiden. Mandelblättchen in den Teig drücken, den Teig aus den Modeln lösen und mit der Mandelseite nach unten auf das Blech legen.

Fein zum Tee

Dinkel-Gewürz-Plätzchen

Für etwa 50 Stück

- 125 g weiche Butter
- 100 g Zucker
- 1 Päckchen Vanillezucker
- 1 Prise Salz
- 1 Ei
- 250 g Dinkelmehl
- 1 TL Backpulver
- 1/2 TL gemahlene Nelken
- 1 TL gemahlenes Zimtpulver
- 1 TL gemahlene Vanille
- Backpapier oder Fett für das Blech
- Mehl für die Arbeitsfläche
- 50 g Kuvertüre zum Verzieren

35 Minuten Arbeitszeit
8–10 Minuten Backzeit

1 Butter mit Zucker, Vanillezucker, Salz und Ei cremig rühren. Mehl mit Backpulver, Nelken, Zimt und Vanille vermischen und in die Crememasse geben. Alles zu einem glatten Teig verarbeiten.

2 Den Backofen auf 180 °C (Umluft 160 °C, Gas Stufe 2–3) einstellen. Ein Blech mit Backpapier auslegen oder einfetten.

3 Aus dem Teig Rollen formen und davon etwa nussgroße Portionen abnehmen, diese zwischen den Handflächen zu Kugeln formen und etwas flach drücken. Oder die Arbeitsfläche mit Mehl bestreuen, den Teig darauf etwa 5 Millimeter dick auswellen und beliebige Plätzchenformen ausstechen.

4 Die Plätzchen mit etwa 1 Zentimeter Abstand auf das Blech legen und im heißen Backofen auf der mittleren Schiene in 8 bis 10 Minuten goldbraun backen. Die Plätzchen auf ein Kuchengitter legen und auskühlen lassen.

5 Die Kuvertüre im heißen Wasserbad schmelzen. Die flüssige Schokolade in eine Tüte aus Pergamentpapier oder in einen Gefrierbeutel füllen. Von der Tüte nur ein kleines Eck der unteren Spitze abschneiden und die Glasur in dünnem Strahl unregelmäßig auf den Gewürzplätzchen verteilen.

Für diese Plätzchen eignet sich auch gut Dinkelvollkornmehl, denn Dinkel lässt sich besonders fein mahlen, und das Vollkornmehl enthält damit wenig grobe Kleieanteile. Denken Sie jedoch daran, dass Sie dann etwas Flüssigkeit zum Teig geben (entweder 2 bis 4 Esslöffel Wasser oder ein weiteres Ei), denn Vollkornmehl quillt bei der Zubereitung und beim Backen mehr als ausgemahlenes Mehl.

Feiner Buttergeschmack passt zu den Dinkel-Gewürz-Plätzchen ausgezeichnet.

Tipp der Bäckerin

In die abgekühlte Masse für die Kokosmakronen kann man zusätzlich noch etwa 50 Gramm Schokostreusel oder Schokoplättchen einrühren.

Die Orangen zum Abreiben müssen unbedingt ungewachst sein. In der Regel bekommen Sie diese in Reformhäusern oder Naturkostläden. Ansonsten greifen Sie lieber auf abgepackte getrocknete Orangenschale aus dem Backzutatenregal zurück.

Kleine Geschenke erhalten die Freundschaft, z. B. hübsch verpackte Orangenmakronen.

Gelingt leicht

Kokosmakronen

Für etwa 60 Stück

- etwa 60 Backoblaten (4 cm Ø) oder Backpapier für das Blech
- 200 g Kokosraspel
- 4 Eiweiß
- 150 g Zucker
- 2 TL abgeriebene Schale von 1 unbehandelten Orange oder Zitrone
- 1 Prise Salz
- 2 leicht gehäufte EL Mehl

30 Minuten Arbeitszeit
20 Minuten Kühlzeit
20–25 Minuten Backzeit

1 Das Blech mit den Oblaten oder mit Backpapier auslegen.

2 Kokosraspel mit Eiweiß, Zucker, Orangen- oder Zitronenschale, Salz und Mehl in einen breiten Topf geben und verrühren. Alles bei mittlerer Hitze etwa 10 Minuten erhitzen, aber nicht kochen, dabei gelegentlich mit einem Kochlöffel über den Topfboden rühren. Die Masse etwa 20 Minuten auskühlen lassen.

3 Den Backofen auf 160 °C (Umluft 140 °C, Gas Stufe 1–2) vorheizen. Von der Teigmasse mit zwei Teelöffeln kleine Portionen auf die Oblaten oder das Backpapier setzen.

4 Die Kokosmakronen auf der mittleren Schiene 20 bis 25 Minuten backen und auf dem Blech auskühlen lassen.

Raffiniert

Orangenmakronen

Für etwa 50 Stück

- etwa 50 Backoblaten (4 cm Ø) oder Backpapier für das Blech
- 300 g Mandeln
- 100 g Orangeat
- 4 Eiweiß
- 1 Prise Salz
- 300 g Puderzucker
- abgeriebene Schale von 1 unbehandelten Orange
- 1 TL Zimtpulver
- 1 Messerspitze gemahlene Nelken

40 Minuten Arbeitszeit
20–25 Minuten Backzeit

1 Das Blech mit den Oblaten oder mit Backpapier auslegen. Den Backofen auf 160 °C (Umluft 140 °C, Gas Stufe 1–2) vorheizen.

2 Die Mandeln fein reiben oder im Blitzhacker fein zerkleinern. Das Orangeat hacken. Eiweiß mit dem Salz steif schlagen. Puderzucker nach und nach dazugeben. Die geriebenen Mandeln, Orangeat, Orangenschale, Zimt und Nelken dazugeben und vorsichtig unterheben.

3 Die Masse mit zwei Teelöffeln in kleinen Häufchen auf die Oblaten oder das Backpapier setzen.

4 Die Orangenmakronen auf der mittleren Schiene 20 bis 25 Minuten backen und auf dem Blech auskühlen lassen.

Dekorativ

Haselnussmakronen

Tipp der Bäckerin

Sollte die Masse zu fest geworden sein, noch 1 bis 2 Esslöffel Rum einrühren.

Die Makronenrezepte mit der erhitzten Grundmasse sind besonders unkompliziert und gelingen leicht.

Für etwa 50 Stück

400 g Haselnüsse
etwa 50 Backoblaten (4 cm Ø) oder Backpapier für das Blech
6 Eiweiß
380 g Zucker
2 TL gemahlene Vanille
1 TL abgeriebene Schale von 1 unbehandelten Orange oder Zitrone
1 Prise Salz
1 EL Mehl
1 EL Kakaopulver
150 g Kuvertüre zum Verzieren

40 Minuten Arbeitszeit
20 Minuten Kühlzeit
20–25 Minuten Backzeit

1 Haselnüsse auf ein Backblech legen und bei 200 °C (Umluft 180 °C, Gas Stufe 3–4) etwa 10 Minuten rösten. Herausnehmen und leicht abkühlen lassen.

2 Von den Haselnüssen die braunen Häutchen zwischen den Handflächen abreiben. 50 Gramm Nüsse zum Verzieren beiseite legen, den Rest fein reiben oder im Blitzhacker fein zerkleinern. Das Backblech mit den Oblaten oder mit Backpapier auslegen.

3 Die zerkleinerten Nüsse mit Eiweiß, Zucker, Vanille, der Orangen- oder Zitronenschale, Salz, Mehl und Kakao in einen breiten Topf geben. Alles bei mittlerer Hitze etwa 10 Minuten erhitzen, aber nicht kochen. Dabei gelegentlich mit einem Kochlöffel über den Topfboden rühren. Die Masse etwa 20 Minuten auskühlen lassen.

4 Den Backofen auf 180 °C (Umluft 160 °C, Gas Stufe 2–3) vorheizen. Die Makronenmasse in einen Spritzbeutel oder eine Gebäckspritze füllen und kleine Häufchen auf die Oblaten oder das Backpapier spritzen. Die Haselnussmakronen im heißen Backofen auf der mittleren Schiene in 20 bis 25 Minuten backen. Aus dem Ofen nehmen und etwas abkühlen lassen.

5 Die Kuvertüre im Wasserbad schmelzen. Die leicht abgekühlten Makronen zur Hälfte in die Glasur tauchen, abstreifen und zum Trocknen auf Pergamentpapier legen. Solange die Schokolade noch feucht ist, je 1 ganze Haselnuss in die Mitte setzen.

Haselnüsse sorgen für Biss, die abgeriebene Orangenschale bringt eine feine Zitrusnote.

Ohne Ei

Mandellinchen

Für etwa 30 Stück
75 g Mandeln
200 g Marzipanrohmasse
1 TL Zitronensaft, 80 g Puderzucker
2–3 EL Mandellikör (Amaretto)
Backpapier für das Blech
30 ganze Mandeln zum Verzieren
Puderzucker zum Bestäuben

40 Minuten Arbeitszeit
10–15 Minuten Backzeit

1 Die Mandeln mit kochendem Wasser überbrühen, einige Minuten ziehen lassen. Die Mandelkerne aus dem Häutchen drücken und trocknen lassen. Die Mandeln reiben und mit Marzipanrohmasse, Zitronensaft, Puderzucker und Amaretto vermengen.

2 Den Backofen auf 180 °C (Umluft 160 °C, Gas Stufe 2–3) einstellen, ein Blech mit Backpapier auslegen.

3 Aus dem Teig kleine Kugeln formen, diese auf das Blech legen, leicht flach drücken und je 1 ganze Mandel in die Mitte eindrücken.

4 Plätzchen auf der mittleren Schiene in 10 bis 15 Minuten goldgelb backen, mit Puderzucker bestäuben.

Muten fast wie kleine Pralinen an: die Marzipanplätzchen Mandellinchen.

Tipp der Bäckerin

Sie können die Mandellinchen auch in Papierbackförmchen backen.

Beliebter Klassiker

Spritzgebäck

Tipp der Bäckerin 

Der Teig kann auch mehrere Stunden vor dem Backen zubereitet und kühl gestellt werden. Den Teig dann aber einige Zeit bei Zimmertemperatur liegen lassen oder mit den Händen leicht anwärmen, damit er sich leichter durchpressen lässt.

Für etwa 70 Stück

- 250 g weiche Butter
- 180 g Zucker
- 1 Päckchen Vanillezucker
- 1 Ei
- 1 Prise Salz
- 300 g Mehl
- 125 g Haselnüsse oder Mandeln
- 1–2 EL Rum oder Sahne
- Backpapier oder Fett für das Blech
- 100 g Kuvertüre für die Glasur

40 Minuten Arbeitszeit
30–60 Minuten Ruhezeit
10–15 Minuten Backzeit

1 Die Butter mit Zucker und Vanillezucker cremig rühren. Das Ei und das Salz einrühren und noch 2 bis 3 Minuten rühren. Das Mehl auf die Masse geben.

2 Haselnüsse oder Mandeln fein reiben oder im Blitzhacker fein zerkleinern und mit dem Mehl und Rum oder Sahne in die Butter-Zucker-Masse einarbeiten. Der Teig darf nicht zu fest sein, damit er sich gut durchpressen lässt. Eventuell noch etwas Flüssigkeit dazugeben.

3 Den Teig zu Rollen formen und in Frischhaltefolie gewickelt für 30 bis 60 Minuten kühl stellen.

4 Den Backofen auf 180 °C (Umluft 160 °C, Gas Stufe 2–3) einstellen und ein Blech mit Backpapier auslegen oder einfetten.

5 Die Teigrollen nacheinander in eine Gebäckspritze oder in den Fleischwolf geben und beliebige Kringel oder Kreise auf das Blech spritzen.

6 Das Spritzgebäck im heißen Backofen auf der mittleren Schiene in 10 bis 15 Minuten goldbraun backen und auf einem Kuchengitter auskühlen lassen.

7 Zum Verzieren die Kuvertüre im heißen Wasserbad verflüssigen. Das Spritzgebäck damit an den Enden bestreichen oder eine Ecke darin eintauchen und die Schokolade trocknen lassen.

Je feiner das Mehl vermahlen ist, desto niedriger ist die Typenbezeichnung auf der Verpackung.

Gut aufzubewahren

Linzer Plätzchen

Für etwa 40 Stück
125 g Mandeln oder Haselnüsse
200 g Mehl
1 gestrichener TL Backpulver
1 Messerspitze gemahlene Nelken
1 TL Zimtpulver
4 Tropfen Bittermandel-Backaroma
100 g Zuckerrübensirup
1 Ei
125 g Butter
Backpapier oder Fett für das Blech
2–3 EL Himbeer-, Johannisbeer- oder Zwetschgenmarmelade für die Füllung

40 Minuten Arbeitszeit
60 Minuten Ruhezeit
15–20 Minuten Backzeit

1 Mandeln oder Haselnüsse fein reiben oder im Blitzhacker fein zerkleinern. Mehl, Backpulver, Nelken, Zimt und Backaroma dazugeben und alles vermischen.

2 Zuckerrübensirup und das Ei unterrühren. Die Butter in Stückchen dazugeben und alles zu einem glatten Teig verkneten. Den Teig in Frischhaltefolie gewickelt für etwa 60 Minuten kühl stellen.

3 Den Backofen auf 180 °C (Umluft 160 °C, Gas Stufe 2–3) einstellen. Ein Blech mit Backpapier auslegen oder einfetten.

4 Den Teig zu einer Rolle formen, walnussgroße Portionen davon abnehmen und zu Kugeln formen. Die Kugeln mit 2 Zentimeter Abstand auf das Blech setzen.

5 In die Mitte jeder Teigkugel mit dem kleinen Finger oder einem Kochlöffelstiel eine kleine Mulde eindrücken. Etwas Marmelade in die Mulde geben.

6 Die Plätzchen im heißen Backofen auf der mittleren Schiene 15 bis 20 Minuten backen und auf einem Kuchengitter auskühlen lassen.

Tipp der Bäckerin

Sie können die Linzer Plätzchen statt mit Zuckerrübensirup auch mit braunem oder weißem Zucker oder mit Honig zubereiten.

Beim sehr langsamen Einkochen wird die Zwetschgenmarmelade (bzw. das Pflaumenmus) fast schwarz.

Der Zuckerrübensirup – auch als Rübenkraut im Handel – verleiht den Linzer Plätzchen, die bereits durch den Zimt ein würziges Aroma haben, zusätzlichen kräftigen Geschmack.

Aus aller Welt

Die Lust auf süßes Kleingebäck ist weltumspannend: Folgen Sie uns auf einer kulinarischen Plätzchenreise von den mediterranen Ländern über Mittel- und Nordeuropa bis ganz in den Osten Europas. Machen Sie mit uns einen Besuch auf den Inselwelten von Indonesien und der Karibik, und landen Sie schließlich in Amerika, dem Land der Cookies.

Fein zu Wein

Cantuccini

Tipp der Bäckerin

Diese Mandelkekse lassen sich sehr gut aufbewahren. Damit sie schön knusprig bleiben, sollten sie jedoch immer – getrennt von anderen Plätzchen – in dicht verschlossenen Dosen oder Gläsern aufbewahrt werden.

Für etwa 100 Stück

- 250 g Mandeln, mit oder ohne Häutchen
- 20 g Butter
- Backpapier oder Fett für das Blech
- 4 Eiweiß
- 1 Prise Salz
- 350 g feiner Zucker
- 2 Eigelbe
- 1 Päckchen Vanillezucker
- 1–2 TL abgeriebene Schale von 1 unbehandelten Zitrone oder Orange
- 500 g Mehl
- 1 Päckchen Backpulver

40 Minuten Arbeitszeit
40–45 Minuten Backzeit

1 Die Mandeln in der Butter unter Rühren rösten, etwas abkühlen lassen und auf einem großen Brett grob hacken.

2 Den Backofen auf 180 °C (Umluft 160 °C, Gas Stufe 2–3) einstellen und ein Blech mit Backpapier auslegen oder einfetten.

3 Eiweiß mit Salz steif schlagen. Den Zucker dazugeben und die Masse noch 2 bis 3 Minuten weiterschlagen. Eigelbe, Vanillezucker und Zitronen- oder Orangenschale einrühren.

4 Das Mehl mit dem Backpulver vermischen und zusammen mit den Mandeln unter die Schaummasse heben. Den Teig zu 3 bis 4 Zentimeter dicken Rollen formen, diese auf das Backblech setzen und mit einem Brett leicht flach drücken. Die Rollen im heißen Ofen in etwa 25 Minuten auf der mittleren Schiene goldgelb backen.

5 Das Blech aus dem Ofen nehmen und die Rollen noch warm in 1 bis 1 1/2 Zentimeter breite schräge Scheiben schneiden. Diese mit der Schnittfläche auf das Blech legen und die Cantuccini weitere 15 bis 20 Minuten backen und dabei hellbraun werden lassen.

Unbehandelte Zitrusfrüchte sollten gut unter lauwarmem Wasser abgewaschen und mit einem Küchentuch abgerieben werden, bevor man die Schale verwendet.

Schnell zubereitet

Sizilianische Erdnussmakronen

Für etwa 36 Stück
200 g ungesalzene Erdnüsse
3 Eiweiß, 1 Prise Salz
1 TL Zitronensaft
160 g Zucker
2 EL Instant-Cappuccinopulver
Backpapier oder Fett für das Blech

30 Minuten Arbeitszeit
12–15 Minuten Backzeit

1 Die Erdnüsse grob hacken. Eiweiß mit Salz und Zitronensaft steif schlagen. Den Zucker nach und nach einrühren. Das Cappuccinopulver dazugeben und noch 2 bis 3 Minuten weiterrühren. Die Erdnüsse vorsichtig unterheben.

2 Den Backofen auf 180 °C (Umluft 160 °C, Gas Stufe 2–3) einstellen und ein Blech mit Backpapier auslegen oder einfetten.

3 Von der Baisermasse mit zwei Teelöffeln kleine Häufchen mit etwa 3 Zentimeter Abstand auf das Blech setzen. Die Erdnussmakronen auf der mittleren Schiene 12 bis 15 Minuten backen, auf einem Kuchengitter auskühlen lassen.

Cantuccini sind die klassischen Mandelkekse aus der Toskana, die so knusprig sind, dass man sie am besten in Kaffee, Tee, Vino Santo oder anderen Süßwein taucht.

Fein zum Kaffee

Amaretti

Tipps zum Steifschlagen von Eischnee: Kalte Eier verwenden. Die Eier sauber, d. h. ohne Reste von Eigelb im Eiweiß trennen. Die Zugabe von einer Prise Salz oder auch 1 Teelöffel Zitronensaft lässt den Eischnee schneller steif werden.

Für etwa 60 Stück
250 g Mandeln
3 Eiweiß
1 Prise Salz
125 g feiner Zucker
6 Tropfen Bittermandel-Backaroma
1 EL Mandellikör (Amaretto)
5 Tropfen Zitronen-Backaroma oder
2 TL getrocknete Zitronenschale
Backpapier für das Blech

40 Minuten Arbeitszeit
20–25 Minuten Backzeit

1 Die Mandeln mit kochendem Wasser überbrühen, einige Minuten ziehen lassen. Dann die Mandelkerne aus dem Häutchen drücken, trocknen lassen und fein reiben oder im Blitzhacker fein zerkleinern.

In Italien serviert man die Amaretti gern zu einem Espresso oder Kaffee.

2 Eiweiß mit dem Salz steif schlagen. Den Zucker nach und nach dazugeben und weiterrühren, bis die Masse fest und cremig ist. Mandeln, Bittermandel-Backaroma, Amaretto und Zitronen-Backaroma oder Zitronenschale vorsichtig unterheben.

3 Den Backofen auf 160 °C (Umluft 140 °C, Gas Stufe 1–2) einstellen, ein Blech mit Backpapier auslegen. Mit zwei Teelöffeln, einer Gebäckspritze oder einem Spritzbeutel 2 bis 3 Zentimeter große Teighäufchen aufs Blech setzen. Die Makronen auf der mittleren Schiene 20 bis 25 Minuten backen. Die Makronen sollen innen noch leicht feucht sein.

Tipps der Bäckerin

Schneller geht es, wenn Sie bereits gehäutete Mandeln verwenden. Zur Aromatisierung gibt es auch fertige Bittermandel-Amaretto-Mischungen.

Dekorativ

Malteser Schokoplätzchen

Für etwa 50 Stück
Für den Teig:
175 g weiche Butter
120 g Puderzucker
1 Päckchen Vanillezucker
4 Eigelbe
160 g Mehl, 40 g Kakaopulver
Backpapier oder Fett für das Blech
Für Füllung und Verzierung:
150 g Kuvertüre
20 g Kokosfett
100 g Orangenmarmelade
2 TL Orangenlikör

60 Minuten Arbeitszeit
10–12 Minuten Backzeit

1 Die Butter mit dem Puderzucker und dem Vanillezucker cremig rühren. Eigelbe dazugeben und schaumig rühren. Mehl mit Kakao vermischen und vorsichtig unter die Creme rühren.

2 Den Backofen auf 200 °C (Umluft 180 °C, Gas Stufe 3–4) einstellen. Ein Blech mit Backpapier auslegen oder einfetten.

3 Den Teig in einen Spritzbeutel oder eine Gebäckspritze mit großer Lochtülle füllen und 4 bis 5 Zentimeter lange Stücke im Abstand von 3 bis 4 Zentimeter auf das Blech spritzen. Die Schokoplätzchen im heißen Ofen auf der mittleren Schiene 10 bis 12 Minuten backen. Auf einem Kuchengitter auskühlen lassen.

4 Inzwischen die Kuvertüre mit dem Kokosfett im Wasserbad schmelzen. Die Orangenmarmelade mit dem Likör verrühren.

5 Die Hälfte der Schokoplätzchen auf der glatten Seite mit der Marmelade bestreichen. Die andere Hälfte der Plätzchen darauf setzen. Die Doppelplätzchen an einer Seite in die Schoko-Orangen-Glasur tauchen und auf einem Kuchengitter trocknen lassen.

Eine Spezialität aus Malta: Schokoladenplätzchen mit einer Füllung aus süßer Orangenmarmelade.

Gut aufzubewahren

Basler Brauns

Für etwa 40 Stück
- 250 g Mandeln
- 100 g Schokolade
- 2 Eier
- 100 g Zucker
- 1/2 TL gemahlene Vanille
- 1/2 TL Zimtpulver
- 1 Messerspitze gemahlene Nelken
- 1 Prise Salz
- 1–2 EL Kirschwasser
- 2 EL Mehl
- Backpapier oder Fett für das Blech

40 Minuten Arbeitszeit
30 Minuten Ruhezeit
15–20 Minuten Backzeit

Gemahlene Vanille wird durch Vermahlen der ganzen Vanilleschote hergestellt. Sie ist eine preiswerte Alternative zum Mark aus den relativ teuren Vanilleschoten.

1 Die Mandeln und die Schokolade fein reiben oder zusammen im Blitzhacker fein zerkleinern. Die Eier mit 2 Esslöffeln heißem Wasser schaumig schlagen. Den Zucker einrühren und rühren, bis die Masse dickschaumig ist und Rührspuren sichtbar bleiben.

2 Mandeln, Schokolade sowie alle übrigen Zutaten auf die Eischaummasse geben und vorsichtig unterheben. Die Masse für 30 Minuten kühl stellen.

3 Den Backofen auf 180 °C (Umluft 160 °C, Gas Stufe 2–3) einstellen und ein Blech mit Backpapier auslegen oder einfetten.

4 Die Masse zu einer Rolle formen und in eine Gebäckspritze oder einen Spritzbeutel füllen. Mit großer Tülle S-Bögen oder Kringel auf das Blech spritzen.

5 Die Plätzchen auf der mittleren Schiene 15 bis 20 Minuten backen und auf einem Kuchengitter auskühlen lassen.

Tipp der Bäckerin

Sie können die Masse auch zwischen Frischhaltefolie auswellen und beliebige Formen ausstechen. Da die Masse etwas klebt, geht jedoch das Spritzen der Formen etwas einfacher.

Schokolade lässt sich nicht nur reiben, sondern auch mit einem großen Küchenmesser in Stücke hacken.

Schweizer Traditionsgebäck: Basler Brauns, die gern zum Nachmittagskaffee vernascht werden.

Schnell zubereitet

Französische Pomeranzennüsse

Für etwa 40 Stück

3 Eier, 200 g Zucker
1 unbehandelte Orange
200 g Orangeat, fein gehackt
50 g Zitronat, fein gehackt
300 g Mehl
Backpapier oder Fett für das Blech

30 Minuten Arbeitszeit
10 Minuten Backzeit

1 Eier mit dem Zucker cremig rühren. Die Orange heiß abwaschen, trocknen und die Schale dünn abreiben. Orangenschale, Orangeat und Zitronat in die Eicreme rühren. Das Mehl einarbeiten und alles zu einem glatten Teig verkneten.

2 Den Backofen auf 180 °C (Umluft 160 °C, Gas Stufe 2–3) einstellen und ein Blech mit Backpapier auslegen oder einfetten.

3 Vom Teig nussgroße Portionen abnehmen, zu Kugeln formen und auf das Blech legen. Die Pomeranzennüsse im heißen Ofen auf der mittleren Schiene in etwa 10 Minuten goldgelb backen. Auf einem Kuchengitter auskühlen lassen.

Tipp der Bäckerin

Die Whiskyplätzchen kommen natürlich nicht ohne Whisky aus, die Haferplätzchen können sie jedoch auch ohne Alkohol herstellen: Einfach den Rum durch 6 Tropfen Rum-Backaroma ersetzen.

Anstelle von kandierten Kirschen können Sie für die Whiskyplätzchen auch Orangeat verwenden.

Raffiniertes aus den Highlands: Plätzchen mit kandierten Kirschen und einem Schuss schottischem Whisky.

Ohne Ei

Schottische Haferplätzchen

Für etwa 50 Stück

- 100 g Butter, 100 g brauner Zucker
- 200 g feine Haferflocken
- 50 g Mehl
- 1 gestrichener TL Backpulver
- 4 EL Rum
- 50 g zartbittere Schokoladenplättchen
- Backpapier für das Blech

30 Minuten Arbeitszeit
30 Minuten Ruhezeit
15–20 Minuten Backzeit

1 Butter in einer Pfanne zerlassen und bei mittlerer Hitze leicht bräunen. Den Zucker einrühren. Die Mischung leicht abkühlen lassen, bis die Masse nicht mehr flüssig ist.

2 Haferflocken mit Mehl und Backpulver vermischen und mit dem Rum und den Schokoladenplättchen unterrühren. Den Teig zu Rollen von etwa 4 Zentimeter Durchmesser formen, mit Frischhaltefolie bedeckt in etwa 30 Minuten im Kühlschrank fest werden lassen.

3 Den Backofen auf 180 °C (Umluft 160 °C, Gas Stufe 2–3) einstellen, ein Blech mit Backpapier auslegen.

4 Von den Teigrollen 5 Millimeter dicke Scheiben abschneiden. Diese auf das Blech legen und auf der mittleren Schiene in 15 bis 20 Minuten hellbraun backen.

Raffiniert

Whiskyplätzchen

Für etwa 50 Stück

- 180 g Rosinen, 100 ml Whisky
- 40 g weiche Butter
- 50 g brauner Zucker
- 1 Ei, 100 g Mehl
- 1 gestrichener TL Backpulver
- 1 TL Zimtpulver
- 1/4 TL gemahlene Nelken
- 1/4 TL gemahlene Muskatblüte
- Backpapier für das Blech
- 200 g Walnüsse
- 200 g kandierte Kirschen

40 Minuten Arbeitszeit
2–3 Stunden zum Durchziehen
10–15 Minuten Backzeit

1 Rosinen mit dem Whisky übergießen und 2 bis 3 Stunden oder über Nacht ziehen lassen.

2 Butter mit Zucker und Ei cremig rühren. Mehl, Backpulver, Zimt, Nelken und Muskat auf die Crememasse geben. Den Backofen auf 200 °C (Umluft 180 °C, Gas Stufe 3–4) einstellen. Ein Blech mit Backpapier auslegen.

3 Nüsse und kandierte Kirschen grob hacken, mit den Rosinen und dem Whisky zu den anderen Zutaten geben. Alles vermischen.

4 Mit zwei Teelöffeln kleine Teigportionen auf das Blech setzen. Die Plätzchen auf der mittleren Schiene 10 bis 15 Minuten backen.

Colonsay
Scalasaig
Garvard
Dubh Eilean
Eilean nan Ron
Oronsay
Rubha Dubh
Shian Bay
Beinn Bhreac
JURA
Bunnahabhain
Port Askaig
LAGAVULIN
Dunure
Culzean Bay
Culzean Castle
Maidens

Schnell zubereitet

Russische Weihnachtsschnitten

Für etwa 50 Stück
80 g Mandeln
200 g weiche Butter
175 g Zucker
6 Eigelbe, 200 g Mehl
Backpapier oder Fett für das Blech
6 Eiweiß, 1 Prise Salz
Zum Bestreuen:
50 g Hagelzucker
100 g Mandelblättchen

30 Minuten Arbeitszeit
15–20 Minuten Backzeit

Für die Plätzchenküche ist Butter die Fettzutat mit dem besten Aroma. Wer jedoch beispielsweise aus diätetischen Gründen lieber Margarine verwendet: Backtechnisch ist dagegen nichts einzuwenden.

1 Die Mandeln mit kochendem Wasser überbrühen, einige Minuten ziehen lassen. Dann die Mandelkerne aus dem Häutchen drücken, trocknen lassen und fein reiben oder im Blitzhacker fein zerkleinern.

2 Die Butter mit dem Zucker cremig rühren. Die Eigelbe einrühren. Das Mehl nach und nach dazugeben und einrühren.

3 Den Backofen auf 200 °C (Umluft 180 °C, Gas Stufe 3–4) einstellen. Ein Blech mit Backpapier auslegen oder einfetten.

4 Eiweiß mit Salz steif schlagen und mit einem Schneebesen vorsichtig unter den Teig heben. Diesen gleichmäßig auf das Blech streichen und mit dem Hagelzucker und den Mandelblättchen bestreuen.

5 Die Teigplatte im heißen Ofen auf der mittleren Schiene in 15 bis 20 Minuten goldgelb backen. Den gebackenen Teig kurz abkühlen lassen, dann in Stücke schneiden und auskühlen lassen.

Tipp der Bäckerin

Die gebackene Teigplatte sollte zum Schneiden noch warm sein, sonst bricht der Teig. Nehmen Sie ein großes scharfes Messer, und schneiden Sie beliebige Formen, etwa Rauten (sich kreuzende diagonale Schnitte), Dreiecke (die Rauten nochmals in der Mitte geteilt) oder auch kleine Quadrate oder schmale Stangen.

Zwei klassische Zutaten zum Bestreuen und Verzieren von Plätzchen und Kleingebäck sind Hagelzucker und Mandelblättchen.

Gelingt leicht

Dänische Julküchlein

Für etwa 40 Stück
200 g weiche Butter
100 g Zucker
1 Ei
1 Prise Salz
300 g Mehl
1 gestrichener TL Backpulver
Zum Dekorieren:
50 g Mandeln
3 TL Zimtpulver
3 TL Zucker (am besten Hagelzucker)
1 Eiweiß
Backpapier für das Blech
Mehl oder Frischhaltefolie für die Arbeitsfläche

30 Minuten Arbeitszeit
2–3 Stunden Ruhezeit
10 Minuten Backzeit

1 Die Butter mit dem Zucker cremig rühren. Ei und Salz einrühren. Das Mehl mit dem Backpulver mischen. Die Hälfte des Mehls in die Buttercreme einrühren, den Rest unterkneten. Den Teig in zwei Portionen teilen, in Frischhaltefolie wickeln und für 2 bis 3 Stunden kühl stellen.

2 Die Mandeln mit kochendem Wasser überbrühen, einige Minuten ziehen lassen. Dann die Mandelkerne aus dem Häutchen drücken, trocknen lassen und grob hacken.

3 Zimt und Zucker mischen. Eiweiß mit einer Gabel leicht verschlagen.

Für viele feine Plätzchen ist es wichtig, die Mandeln zu häuten, damit sie nicht zu bitter schmecken.

4 Den Backofen auf 200 °C (Umluft 180 °C, Gas Stufe 3–4) einstellen. Ein Blech mit Backpapier auslegen.

5 Den Teig auf einer mit wenig Mehl bestäubten Arbeitsfläche oder auf Frischhaltefolie 3 bis 5 Millimeter dick auswellen und runde Plätzchen ausstechen. Die Plätzchen mit dem Eiweiß bestreichen und mit den Mandeln und dem Zimtzucker bestreuen. Die Julküchlein im heißen Ofen auf der mittleren Schiene etwa 10 Minuten backen.

Tipp der Bäckerin

Alternativ können Sie die Julküchlein unbestrichen und unbestreut backen und dann mit einer Glasur aus 125 Gramm Puderzucker, mit 1 bis 2 Teelöffeln Orangensaft verrührt, bestreichen. Die gehackten Mandeln leicht rösten und mit dem Zimtzucker aufstreuen.

Es gibt im Handel eine Vielfalt von braunen Zuckern, die sich in Farbe und Konsistenz unterscheiden. Für dieses Rezept sollten Sie eine der in der Karibik gebräuchlichen Zuckerarten, entweder den dunklen Barbados- oder den etwas helleren Demerara-Zucker, verwenden. Beides sind sehr feuchte Rohrzucker, die nicht so stark raffiniert sind und damit noch einen Anteil an malzig schmeckender Melasse enthalten.

Mokkaschokolade in Form von Kaffeebohnen findet ausschließlich als Garnitur Verwendung.

Raffiniert

Javaplätzchen

Für etwa 50 Stück
- 150 g weiche Butter
- 100 g brauner Zucker
- 1 Päckchen Vanillezucker
- 1 Prise Salz
- 1 Ei
- 2 EL Instant-Cappuccinopulver
- 1 EL Rum
- 200 g Mehl
- 1 gestrichener TL Backpulver
- 125 g Kokosflocken
- Backpapier oder Fett für das Blech

Für die Glasur:
- 100 g Puderzucker
- 1–2 EL Rum
- 100 g Mokkabohnen

30 Minuten Arbeitszeit
10–12 Minuten Backzeit

1 Die Butter mit Zucker und Vanillezucker mit dem Handrührer cremig rühren. Salz, Ei, Kaffeepulver und Rum einrühren.

2 Das Mehl mit Backpulver und Kokosflocken vermischen und löffelweise in die Creme einrühren.

3 Den Backofen auf 200 °C (Umluft 180 °C, Gas Stufe 3–4) einstellen. Ein Blech mit Backpapier auslegen oder einfetten.

4 Aus dem Teig etwa daumendicke Rollen formen und davon walnussgroße Portionen abschneiden. Diese zu Kugeln formen und leicht flach drücken.

5 Die Kugeln im Abstand von 2 bis 3 Zentimetern auf das Blech setzen und die Javaplätzchen im heißen Ofen auf der mittleren Schiene 10 bis 12 Minuten backen.

6 Die Plätzchen auf ein Kuchengitter setzen. Für die Glasur den Puderzucker mit dem Rum verrühren. Die Javaplätzchen damit bestreichen, je 1 Mokkabohne in die Mitte setzen und die Glasur trocknen lassen.

Tipp der Bäckerin

Alternativ können Sie die Plätzchen auch mit einer Kaffeeglasur bestreichen. Dafür einfach den Rum durch starken Kaffee ersetzen. Nach Belieben die Plätzchen dann mit Kokosraspeln bestreuen, statt Mokkabohnen darauf zu setzen.

Ohne Ei

Karibische Vanilleplätzchen

Für etwa 40 Stück
250 g weiche Butter
100 g brauner Zucker
1 Päckchen Vanillezucker
1 Vanilleschote
(ersatzweise 1 TL gemahlene Vanille)
1 Prise Salz
300 g Mehl
Backpapier oder Fett für das Blech

25 Minuten Arbeitszeit
60 Minuten Kühlzeit
10–15 Minuten Backzeit

1 Die Butter mit Zucker und Vanillezucker mit dem Handrührer cremig rühren. Die Vanilleschote aufschneiden und das Mark mit einem Messer herauskratzen; mit dem Salz in die Crememasse geben.

2 Das Mehl einarbeiten, den Teig etwa 30 Minuten kühlen, dann eine etwa 4 Zentimeter dicke Rolle formen und den Teig zugedeckt nochmals 30 Minuten in den Kühlschrank stellen.

3 Den Backofen auf 200 °C (Umluft 180 °C, Gas Stufe 3–4) einstellen. Ein Blech mit Backpapier auslegen oder einfetten.

4 Von der Teigrolle mit einem scharfen Messer 5 Millimeter dicke Scheiben abschneiden und die Plätzchen mit 2 bis 3 Zentimeter Abstand auf das Blech legen.

Brauner Zucker wird aus Zuckerrohr hergestellt. Er ist ungereinigt, mehr oder weniger raffiniert und würzig-klebrig.

5 Die Vanilleplätzchen auf der mittleren Schiene in 10 bis 15 Minuten goldbraun backen und auf einem Kuchengitter auskühlen lassen.

Tipps der Bäckerin

Nach Belieben können Sie die Plätzchen vor dem Backen mit gehackten Nüssen, Krokant oder Streuseln bestreuen. Am besten die Plätzchen mit etwas Milch oder Eigelb bestreichen, damit die Dekoration gut haftet. Diese Plätzchen können Sie auch mit weißem Zucker zubereiten. Bei braunem Zucker sollten Sie jedoch Zucker mit nicht zu starkem Eigengeschmack, am besten braune Raffinade (gibt's im Supermarkt) verwenden, um das Vanillearoma nicht zu übertönen.

Dekorativ

Amerikanische Walnusstaler

Wenn Sie keine Garnierspritze haben, können Sie die Zuckerglasur auch in einen Gefrierbeutel füllen, eine untere Ecke abschneiden und die Tüte als Spritzbeutel benutzen.

Für etwa 40 Stück

- 250 g weiche Butter
- 120 g Zucker
- 1 Päckchen Vanillezucker
- 1 Prise Salz
- 1 Ei
- 75 g Speisestärke
- 200 g Mehl
- Backpapier für das Blech
- 40 Walnusshälften (etwa 150 g) zum Verzieren

Für die Glasur:

- 1 Eiweiß
- 1 TL Zitronensaft
- 150 g Puderzucker

30 Minuten Arbeitszeit
60 Minuten Ruhezeit
12–15 Minuten Backzeit

1 Die Butter mit Zucker und Vanillezucker cremig rühren. Salz, Ei, Speisestärke und Mehl einarbeiten. Den Teig etwa 30 Minuten kühlen, dann zu einer 4 Zentimeter dicken Rolle formen und zugedeckt für noch 30 Minuten kühl stellen.

2 Den Backofen auf 200 °C (Umluft 180 °C, Gas Stufe 3–4) einstellen. Ein Blech mit Backpapier auslegen.

3 Aus dem Teig etwa 1 Zentimeter dicke Scheiben schneiden und auf das Blech legen. Auf jedes Plätzchen 1 Walnusshälfte drücken und die Plätzchen auf der mittleren Schiene 12 bis 15 Minuten backen. Die Plätzchen auf ein Kuchengitter geben und auskühlen lassen.

4 Für die Glasur Eiweiß mit Zitronensaft steif schlagen. Den Zucker nach und nach einrühren. Die Zuckerglasur in eine Garnierspritze füllen und damit jeweils einen Zuckerring um die Nüsse spritzen. Die Glasur trocknen lassen.

Tipps der Bäckerin

Nach Belieben können Sie die Zuckerglasur auch, wie in Amerika sehr beliebt, mit Lebensmittelfarbe in Pastelltönen einfärben. Verzieren Sie die Walnusstaler doch auch einmal mit Rumglasur: Dafür 125 Gramm Puderzucker mit 1 bis 2 Esslöffeln Rum glatt rühren und wie die Zitronenglasur verwenden.

Echten Vanillezucker erhält man, wenn man eine Mischung aus reinem Weißzucker und 10 Prozent fein verriebenem Vanillemark herstellt.

Gut aufzubewahren

Nuss-Cookies

Für etwa 30 Stück

80 g beliebige Nüsse
80 g Vollmilch- oder Zartbitterschokolade oder Schokoladenplättchen
100 g weiche Butter
60 g brauner Zucker
1 Päckchen Vanillezucker
1 Prise Salz
1 Ei
100 g Mehl
1/2 TL Backpulver
Backpapier oder Fett für das Blech oder 30 Papierbackförmchen

35 Minuten Arbeitszeit
10–12 Minuten Backzeit

1 Die Nüsse und die Schokolade am Stück, falls verwendet, mit einem Messer grob hacken. Butter mit Zucker und Vanillezucker cremig rühren. Salz und Ei einrühren.

2 Mehl mit dem Backpulver vermischen und löffelweise in die Creme einrühren. Schokolade und Nüsse unterziehen.

3 Den Backofen auf 200 °C (Umluft 180 °C, Gas Stufe 3–4) einstellen. Ein Blech mit Backpapier auslegen oder einfetten bzw. die Papierbackförmchen auf das Blech setzen.

4 Aus dem Teig mit zwei Teelöffeln etwa walnussgroße Portionen im Abstand von 2 bis 3 Zentimetern auf das Blech oder in die Papierbackförmchen setzen.

5 Die Nuss-Cookies im heißen Ofen auf der mittleren Schiene 10 bis 12 Minuten backen. Die Cookies zum Auskühlen auf ein Kuchengitter legen.

Die Cookies können auch gut als Diabetikergebäck hergestellt werden: Einfach normalen Zucker und Schokolade durch Diabetikerprodukte ersetzen.

Ein Doppelklingen-Wiegemesser leistet beim Hacken von Nüssen gute Dienste.

Schnell und einfach

Mit diesen Plätzchenrezepten können Sie auch ohne große Planung im Voraus Gäste überraschen oder Gastgeber beschenken. Am besten Sie legen sich einen Vorrat der in diesem Kapitel zusätzlich zu den gebräuchlichen Backzutaten benötigten Dinge zu: Dazu gehören beispielsweise kandierter Ingwer, Erdnüsse, Kokosraspel, Kardamom, Amaretto, Instant-Cappuccinopulver, Tiefkühlblätterteig und Backförmchen. So können Sie jedes beliebige der hier vorgestellten Rezepte »just in time« backen.

Beliebter Klassiker

Florentiner

Für etwa 50 Stück

- je 50 g Orangeat und Zitronat
- 30 g Butter, 200 g Sahne
- 50 g Zucker
- 150 g Mandelblättchen
- 1/2 TL gemahlene Vanille
- 50 g Mehl
- Backpapier für das Blech
- 100 g Schokoglasur zum Verzieren

30 Minuten Arbeitszeit
5–10 Minuten Backzeit

1 Orangeat und Zitronat fein würfeln. In einem Topf die Butter zerlassen. Sahne und Zucker dazugeben und unter Rühren aufkochen.

2 Mandeln, Vanille, Orangeat und Zitronat dazugeben und 3 bis 4 Minuten bei kleiner Hitze kochen lassen. Das Mehl darüber stäuben und unterrühren.

3 Den Backofen auf 220 °C (Umluft 200 °C, Gas Stufe 4–5) einstellen und ein Blech mit Backpapier auslegen. Mit zwei Teelöffeln kleine Häufchen mit etwa 5 Zentimeter Abstand auf das Blech setzen und flach streichen.

4 Die Florentiner auf der mittleren Schiene im Backofen 5 bis 10 Minuten backen. Auf einem Kuchengitter auskühlen lassen. Die Glasur schmelzen und die Unterseite der Plätzchen damit bestreichen.

Tipp der Bäckerin

Die Florentiner beim Backen im Auge behalten. Wenn sie braun werden, sofort aus dem Ofen nehmen.

Güt äüfzübewahren

Ingwerplätzchen

Für etwa 50 Stück

- 175 g weiche Butter, 150 g Zucker
- 1 Päckchen Vanillezucker
- 3 Eier, 150 g Speisestärke
- 75 g Mehl, 1/2 TL Backpulver
- 80 g kandierter Ingwer
- 1 Prise gemahlener Kardamom
- 50 kleine Papierbackförmchen

20 Minuten Arbeitszeit
15–20 Minuten Backzeit

1 Butter mit Zucker, Vanillezucker, Eiern, Speisestärke, Mehl und Backpulver in eine Schüssel geben und mit den Knethaken des Handrührers zu einem glatten Teig verrühren.

2 Den Ingwer fein hacken und mit dem Kardamom unter den Teig rühren.

3 Den Backofen auf 200 °C (Umluft 180 °C, Gas Stufe 3–4) einstellen. Die Papierbackförmchen auf ein Blech stellen und zur Hälfte mit Teig füllen. Die Ingwerplätzchen auf der mittleren Schiene 15 bis 20 Minuten backen.

Tipp der Bäckerin

Wer möchte, löst die abgekühlten Ingwerplätzchen aus den Förmchen und überzieht sie mit feinen Streifen von geschmolzener Schokolade.

Die Ingwerplätzchen können auch auf einem mit Backpapier ausgelegten oder eingefetteten Blech gebacken werden. Dabei aber etwa 5 Zentimeter Abstand lassen, da die Plätzchen etwas auseinander laufen.

Die Ingwerplätzchen werden gleich in ihrer Verpackung gebacken.

Raffiniert

Erdnuss-Ingwer-Plätzchen

Ingwer mit seinem würzig scharfen Geschmack ist wohltuend für Magen und Darm und speziell auch gut gegen Reiseübelkeit. Warum nicht ein paar dieser Plätzchen im Reisegepäck haben?

Für etwa 40 Stück

60 g kandierter Ingwer (Reformhaus oder Naturkostladen)
100 g ungesalzene Erdnüsse
200 g Mehl
80 g Zucker
1 Prise Salz
1 Prise Zimtpulver
2 Eier
125 g weiche Butter
Backpapier oder Fett für das Blech

20 Minuten Arbeitszeit
15 Minuten Backzeit

Noch besser schmecken selbst gemachte, frische Kokosraspel.

1 Den Ingwer fein würfeln. Die Erdnüsse grob hacken. Mehl, Zucker, Salz, Zimt, Eier und Butter zu einem glatten Teig verkneten. Ingwer und Erdnüsse einrühren.

2 Den Backofen auf 200 °C (Umluft 180 °C, Gas Stufe 3–4) einstellen und ein Blech mit Backpapier auslegen oder einfetten.

3 Mit zwei Teelöffeln walnussgroße Portionen auf das Blech setzen und die Plätzchen auf der mittleren Schiene etwa 15 Minuten backen.

Geröstete Erdnüsse müssen aus der Schale und aus den dunkelroten Häutchen gelöst werden.

Gelingt leicht

Kokosplätzchen

Für etwa 80 Stück

250 g Mehl
1/2 TL Backpulver
200 g Zucker
1 Päckchen Vanillezucker
250 g Kokosraspel
6 Tropfen Bittermandel-Backaroma
1 Ei
250 g weiche Butter
Backpapier oder Fett für das Blech

Für die Glasur:

200 g Puderzucker
1–2 EL Zitronensaft

30 Minuten Arbeitszeit
40 Minuten Ruhezeit
10 Minuten Backzeit

1 Das Mehl mit Backpulver, Zucker, Vanillezucker und den Kokosraspeln

vermischen. Bittermandel-Backaroma und Ei einrühren. Butter in Stückchen auf die Zutaten geben und alles rasch zu einem glatten Teig verkneten.

2 Den Teig zu 3 bis 4 Zentimeter dicken Rollen formen und diese zugedeckt für mindestens 40 Minuten kühl stellen.

3 Den Backofen auf 200 °C (Umluft 180 °C, Gas Stufe 3–4) einstellen. Das Blech mit Backpapier auslegen oder einfetten.

4 Von den Teigrollen 6 bis 7 Zentimeter dicke Scheiben abschneiden, diese auf das Blech setzen und im heißen Backofen auf der mittleren Schiene in etwa 10 Minuten goldgelb backen.

5 Die Plätzchen auf einem Kuchengitter abkühlen lassen. Für die Glasur Puderzucker mit Zitronensaft verrühren und die Plätzchen damit bestreichen.

Dekorativ

Mandelkugeln

Für etwa 60 Stück

400 g Mandeln
1 unbehandelte Zitrone
Backpapier oder Fett für das Blech
2 Eier, 100 g Zucker
1 Päckchen Vanillezucker
2 EL Mandellikör (Amaretto)
4 EL Mandelblättchen oder gehackte Mandeln zum Verzieren

20 Minuten Arbeitszeit
20–25 Minuten Backzeit

1 Die Mandeln fein reiben oder im Blitzhacker fein zerkleinern. Die Zitrone heiß abwaschen, trocknen und die Schale abreiben.

2 Den Backofen auf 160 °C (Umluft 140 °C, Gas Stufe 1–2) einstellen und ein Blech mit Backpapier auslegen oder einfetten.

3 Eier mit Zucker, Vanillezucker und Zitronenschale cremig rühren. Geriebene Mandeln und Amaretto unterziehen. Aus dem Teig walnussgroße Kugeln formen, in den Mandelblättchen oder den gehackten Mandeln wälzen und auf das Blech setzen.

4 Die Mandelkugeln auf der mittleren Schiene in 20 bis 25 Minuten goldbraun backen. Die Kugeln auf einem Kuchengitter auskühlen lassen.

Tipp der Bäckerin

Die Mandelkugeln lassen sich einfach variieren: Statt den Teig zu Kugeln zu formen, ihn dick ausrollen und kleine Plätzchen ausstechen. Die gebackenen Plätzchen mit einer Glasur aus 125 Gramm Puderzucker, der mit 1 bis 2 Esslöffeln Amaretto verrührt wurde, bestreichen.

Eier sollten Sie immer im Kühlschrank aufbewahren.

Fein zum Kaffee

Nuss-Schoko-Plätzchen

Tipp der Bäckerin

Sehr dekorativ sehen noch zusätzlich gehackte Pistazienkerne auf der Kuvertüre aus.

Für etwa 50 Stück

- 50 g Zartbitterschokolade oder Schokoplättchen
- 100 g Haselnüsse oder Mandeln
- 1 unbehandelte Zitrone
- 250 g Mehl
- 1/2 TL (Weinstein-)Backpulver
- 100 g Zucker
- 1 Päckchen Vanillezucker
- 1 Prise Salz
- 1 Ei
- 4 EL Sahne
- 150 g Butter
- Backpapier oder Fett für das Blech
- 100 g helle oder dunkle Schokoglasur zum Verzieren

40 Minuten Arbeitszeit
30 Minuten Ruhezeit
10–15 Minuten Backzeit

Das säuerliche Weinsteinbackpulver sorgt dafür, dass die Nuss-Schoko-Plätzchen beim Backen schön aufgehen.

1 Die Schokolade reiben. Haselnüsse oder Mandeln reiben, fein hacken oder im Blitzhacker zerkleinern. Die Zitrone heiß abwaschen, trocknen, die Schale in eine Rührschüssel reiben.

2 In die Schüssel Schokolade, Nüsse, Mehl, Backpulver, Zucker, Vanillezucker und Salz geben und alles vermischen. Das Ei und die Sahne dazugeben.

3 Die Butter in Stückchen auf die Teigmischung setzen. Alles zu einem geschmeidigen Teig verarbeiten.

4 Den Teig zu 3 bis 4 Zentimeter dicken Rollen formen und diese zugedeckt für 30 Minuten in den Kühlschrank stellen. Den Backofen auf 200 °C (Umluft 180 °C, Gas Stufe 3–4) einstellen. Ein Blech mit Backpapier auslegen oder einfetten.

5 Von den Teigrollen 6 bis 8 Millimeter dicke Scheiben abschneiden. Diese mit 1 Zentimeter Abstand auf das Blech legen und mit den Zinken einer Gabel leicht flach drücken. Die Plätzchen auf der mittleren Schiene 10 bis 15 Minuten backen, aus dem Ofen nehmen und auf dem Blech leicht abkühlen lassen.

6 Die Glasur im heißen Wasserbad schmelzen, die Plätzchen teilweise eintauchen. Auf Pergamentpapier oder dem Kuchengitter auskühlen und trocknen lassen.

Ohne Ei

Cappuccinoplätzchen

Die Cappuccinoplätzchen schmecken auch mit einer Glasur aus mit etwas Espresso verrührtem Puderzucker sehr lecker.

Für etwa 50 Stück
100 g Haselnüsse oder Mandeln
200 g Mehl
80 g Zucker
80 g Instant-Cappuccinopulver
125 g weiche Butter
2 EL Amaretto oder Rum
Backpapier für das Blech
1–2 EL Schokostreusel zum Verzieren

15 Minuten Arbeitszeit
30 Minuten Ruhezeit
10–12 Minuten Backzeit

1 Die Nüsse oder Mandeln fein reiben oder im Blitzhacker fein zerkleinern, mit Mehl, Zucker und Cappuccinopulver vermischen.

Für Knetteige wird die Butter in Stückchen – hier sind es Röllchen – unter das Mehl gearbeitet.

2 Die Butter in Stückchen auf die Mehlmischung geben. Amaretto oder Rum dazugeben. Alles zu einem glatten Teig verkneten. Den Teig zu einer 3 bis 4 Zentimeter dicken Rolle formen und für 30 Minuten kühl stellen.

3 Den Backofen auf 180 °C (Umluft 160 °C, Gas Stufe 2–3) einstellen. Ein Blech mit Backpapier auslegen.

4 Von den Teigrollen 5 Millimeter dicke Scheiben abschneiden und mit 1 Zentimeter Abstand auf das Blech setzen. Die Schokostreusel darüber streuen. Die Plätzchen auf der mittleren Schiene in 10 bis 12 Minuten nicht zu dunkel backen.

Tipp der Bäckerin

Wer auf Alkohol verzichten möchte, ersetzt den Amaretto oder Rum durch 2 Esslöffel Kaffee und einige Tropfen Bittermandel- oder Rum-Backaroma.

Gut aufzubewahren

Knusprige Mandelschnitten

Für etwa 50 Stück
Für den Teig:
100 g weiche Butter
1 Ei
80 g Zucker
100 g Mehl
Backpapier oder Fett für das Blech
Für den Belag:
1 Ei
50 g Mandelstifte oder -blättchen
4 EL Hagelzucker

30 Minuten Arbeitszeit
10–12 Minuten Backzeit

Die Mandelstifte an der Oberfläche machen die Mandelschnitten so schön knackig.

1 Die Butter mit Ei und Zucker verrühren. Das Mehl untermischen.

2 Den Backofen auf 180 °C (Umluft 160 °C, Gas Stufe 2–3) einstellen und ein Blech mit Backpapier auslegen oder einfetten.

3 Den Teig dünn auf das Blech streichen. Für den Belag das Ei verquirlen und mit einem Pinsel auf die Teigplatte streichen. Die Teigplatte mit den Mandeln und dem Hagelzucker bestreuen.

4 Die Teigplatte auf der mittleren Schiene in 10 bis 12 Minuten goldgelb und knusprig backen. Noch warm in kleine Rechtecke schneiden, dabei das Messer von oben eindrücken, damit die Mandeln nicht absplittern.

5 Die Mandelschnitten auf einem Kuchengitter abkühlen lassen.

Tipps der Bäckerin

Zum Aufstreichen des Teigs auf das Backblech eignet sich am besten ein Teigschaber.
Zur Abwechslung können Sie die Teigplatte auch mit Schokostreuseln oder Krokant bestreuen.

Wenn man die zerkleinerten Mandeln zusammen mit den Haselnüssen, bevor man beides zum Teig gibt, in einer trockenen Pfanne kurz unter Wenden anröstet, bis sie duften, bekommen die Kekse ein sehr feines Aroma.

Für nussig-kernige Plätzchen brauchen die Mandeln vor dem Mahlen nicht gehäutet zu werden.

Ohne Ei

Mandel-Hafer-Kekse

Für etwa 40 Stück
100 g weiche Butter
80–100 g Zucker
1/2 TL gemahlene Vanille
1 Prise Salz
2 EL Sahne oder Milch
2 EL Mandellikör (Amaretto)
25 g Mandeln
100 g feine Haferflocken
100 g Mehl
Backpapier oder Fett für das Blech
3 EL Sahne zum Bestreichen
50 Mandeln (etwa 50 g) zum Belegen

30 Minuten Arbeitszeit
30 Minuten Ruhezeit
12–15 Minuten Backzeit

1 Die Butter mit Zucker, Vanille, Salz, Sahne oder Milch und dem Amaretto mit dem Handrührer cremig rühren. Die 25 Gramm Mandeln für den Teig reiben oder im Blitzhacker fein zerkleinern. Mandeln, Haferflocken und Mehl zur Buttercreme geben und unterkneten.

2 Aus der Masse zwei Rollen von 2 bis 3 Zentimeter Durchmesser formen, auf ein Brettchen legen, mit Frischhaltefolie abdecken und für 30 Minuten im Kühlschrank ruhen lassen.

3 Den Backofen auf 180 °C (Umluft 160 °C, Gas Stufe 2–3) einstellen und ein Blech mit Backpapier auslegen oder einfetten.

4 Die Teigrollen aus dem Kühlschrank nehmen und davon mit einem scharfen Messer 5 bis 6 Millimeter dicke Scheiben abschneiden. Die Teigscheiben im Abstand von etwa 2 Zentimetern auf das Backblech legen.

5 Die Teigscheiben mit der Sahne bestreichen, jeweils 1 Mandel in die Mitte der Plätzchen setzen und leicht andrücken.

6 Die Kekse im heißen Backofen auf der mittleren Schiene 12 bis 15 Minuten backen, bis die Ränder leicht zu bräunen beginnen. Auf einem Kuchengitter auskühlen lassen.

Beliebter Klassiker

Zarte Kekse

Für etwa 80 Stück
125 g Mehl
125 g Kartoffelmehl
100 g Zucker
1 Päckchen Vanillezucker
1 Prise Salz
1 Ei
2 EL Sahne
60 g Butter
Backpapier für das Blech
Mehl oder Frischhaltefolie für die Arbeitsfläche

40 Minuten Arbeitszeit
30–60 Minuten Ruhezeit
10–12 Minuten Backzeit

1 Mehl mit Kartoffelmehl, Zucker, Vanillezucker und Salz vermischen. Das Ei mit der Sahne verquirlen und einrühren.

2 Die Butter in Stückchen auf die Teigmischung setzen und alles rasch zu einem glatten Teig verkneten. Den Teig zu einer Rolle formen und zugedeckt für 30 bis 60 Minuten kühl stellen.

3 Den Backofen auf 180 °C (Umluft 160 °C, Gas Stufe 2–3) einstellen und ein Blech mit Backpapier auslegen.

4 Den Teig auf einer bemehlten Arbeitsfläche oder zwischen zwei Lagen Frischhaltefolie zu einer 3 bis 5 Millimeter dicken Teigplatte auswellen. Den Teigboden mit einer Palette vom Untergrund trennen.

5 Mit Plätzchenausstechern eckige oder runde Formen ausstechen. Mit einer Gabel ein- oder zweimal in jedes Teigstück stechen, damit sich der Teig beim Backen nicht wölbt.

6 Die Kekse dicht nebeneinander auf das Blech setzen und im heißen Ofen auf der mittleren Schiene in 10 bis 12 Minuten goldgelb backen. Die Kekse auf einem Kuchengitter auskühlen lassen.

Wenn Sie kein Backpapier zur Hand haben, können Sie das Backblech auch dünn mit Butter einfetten – am einfachsten mit einem Backpinsel.

Tipps der Bäckerin

Diese knusprigen Kekse schmecken zu vielen Gelegenheiten. Ein weiteres Plus: Da sie sehr wenig Fett enthalten, können sie auch während einer Schlankheitsdiät gegessen werden. Wer ein bisschen Farbe auf den Keksteller bringen will, bestreicht einen Teil der zarten Kekse mit roter Glasur: Dafür 125 Gramm Puderzucker mit 1 bis 2 Esslöffeln rotem Saft, beispielsweise rotem Traubensaft, Himbeersaft oder Johannisbeersaft, bestreichen. Die glasierten Kekse sollten nicht lange und vor allem nicht dicht verschlossen gelagert werden, sonst weichen sie durch.

Diese zarten Kekse werden im Schwäbischen »Albertle« genannt.

Das Kartoffelmehl in diesem Rezept bewirkt, dass die Kekse beim Backen sehr feinporig werden. Mit normalem Mehl allein würden sie zu brüchig.

Dekorativ

Walnussstangen

Verwenden Sie am besten frisch aus der Schale gebrochene Walnusskerne. Bereits geschält gekaufte Kerne sind oft nicht mehr frisch und können dann ranzig schmecken.

Für etwa 50 Stück
150 g Walnüsse
50 g feine Haferflocken
1 unbehandelte Zitrone
2 Eiweiß
1 Prise Salz
80–100 g Zucker
1 Päckchen Vanillezucker
1/4 TL Zimtpulver
Backpapier oder Fett für das Blech
100 g Schokoglasur zum Verzieren

30 Minuten Arbeitszeit
12–15 Minuten Backzeit

Wer viel backt und gerne garniert, sollte sich einen Spritzbeutel mit mehreren Aufsätzen leisten. Damit lassen sich die Walnussstangen besonders hübsch verzieren.

1 Die Walnüsse fein reiben oder im Blitzhacker fein zerkleinern. Die Haferflocken in einer Pfanne trocken rösten, auf einen Teller geben und abkühlen lassen.

2 Die Zitrone heiß abwaschen, trocknen, die Hälfte der Schale abreiben, 1 Esslöffel Saft auspressen.

3 Eiweiß mit dem Salz und Zitronensaft steif schlagen. Zucker und Vanillezucker dazugeben und weiterschlagen, bis die Masse schnittfest ist.

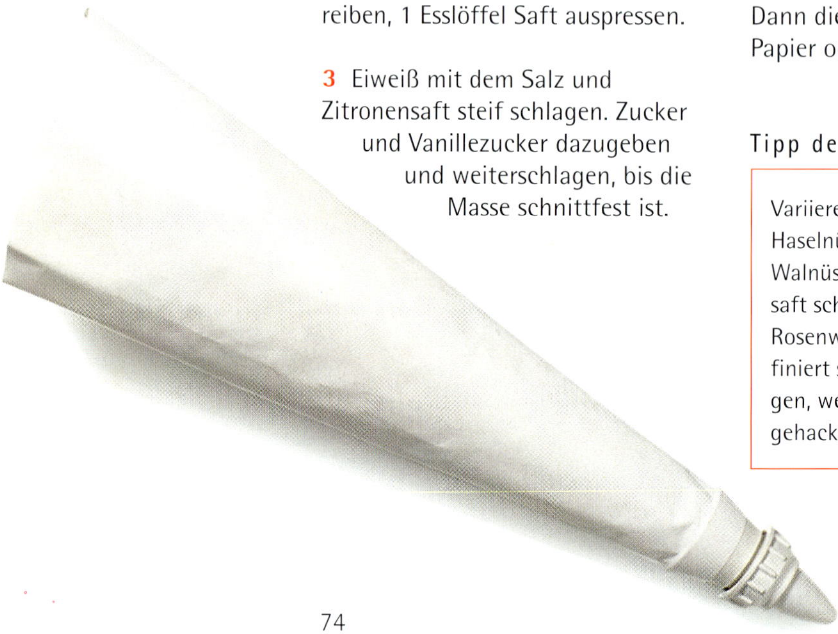

4 Nüsse, Zimt, Haferflocken und abgeriebene Zitronenschale auf die Schaummasse geben und vorsichtig unterheben. Backofen auf 140 °C (Umluft 120 °C, Gas Stufe 1) einstellen und ein Blech mit Backpapier auslegen oder einfetten.

5 Die Masse in einen Spritzbeutel oder eine Gebäckspritze mit großer Sterntülle füllen und etwa 5 Zentimeter lange Stangen auf das Blech spritzen. Die Walnussstangen auf der mittleren Schiene 12 bis 15 Minuten backen.

6 Die Schokoglasur in heißem Wasserbad flüssig werden lassen. Etwas Glasur in eine Tüte aus Pergamentpapier oder in einen Gefrierbeutel füllen.

7 Die Spitze der Tüte abschneiden und die flüssige Schokolade in dünnem Strahl im Zickzack über die Walnussstangen laufen lassen. Die Schokolade fest werden lassen. Dann die Stangen vorsichtig vom Papier oder Blech lösen.

Tipp der Bäckerin

Variieren Sie dieses Rezept mit Haselnüssen oder Mandeln statt der Walnüsse, und anstelle von Zitronensaft schmeckt auch Amaretto oder Rosenwasser sehr gut. Besonders raffiniert schmecken die Walnussstangen, wenn Sie die Zitrone durch fein gehackte Ingwerwurzel ersetzen.

Ohne Ei

Haselnussmonde

Für etwa 60 Stück
150 g Haselnüsse
120–150 g Zucker
150 g Mehl
150 g kalte Butter
Backpapier oder Fett für das Blech
Mehl für die Arbeitsfläche

30 Minuten Arbeitszeit
60 Minuten Ruhezeit
12–15 Minuten Backzeit

Die Plätzchenmonde schmecken besonders fein, wenn sie mit Mandeln zubereitet werden.

1 Die Haselnüsse fein reiben oder im Blitzhacker fein zerkleinern. Zucker und Mehl dazugeben und untermischen.

2 Die Butter in Flöckchen auf die Nuss-Mehl-Mischung setzen und alles zügig zu einem glatten Teig verkneten. Den Teig in Frischhaltefolie gewickelt für etwa 60 Minuten kühl stellen.

3 Den Backofen auf 180 °C (Umluft 160 °C, Gas Stufe 2–3) einstellen und ein Blech mit Backpapier auslegen oder einfetten.

4 Den Teig auf die leicht bemehlte Arbeitsfläche legen, ein Stück Frischhaltefolie darauf legen und den Teig etwa 5 Millimeter dick auswellen.

5 Den Teig mit einer Palette von der Arbeitsfläche lösen und die Folie abziehen. Mit einer halbmondförmigen Ausstechform dicht an dicht Plätzchen ausstechen.

6 Die Haselnussmonde auf das Blech setzen und auf der mittleren Schiene 12 bis 15 Minuten backen, auf einem Kuchengitter auskühlen lassen.

Tipps der Bäckerin

Wenn Sie keine Mond-Ausstechform haben, können Sie die Halbmonde auch mit einem kleinen Glas ausstechen: Eine waagerechte Reihe Kreise dicht an dicht ausstechen, darunter eine zweite Reihe ausstechen, wobei diese Kreise die oberen jeweils zur Hälfte überlappen. Es entstehen pro Doppelkreis jeweils zwei Halbmonde und ein mandelförmiges Innenstück. Die Monde auf das Blech setzen und backen. Die mandelförmigen Reste inzwischen nochmals rasch verkneten und kalt stellen. Die gekühlten Teigreste dann wieder ausrollen und auf dieselbe Weise Monde ausstechen und backen.
Sie können aus dem Teig auch einfach Kugeln formen und in die Mitte eine ganze Haselnuss drücken oder ein Loch in die Mitte drücken und mit etwas Marmelade füllen.
Der Nussmürbeteig hat nach diesem Rezept eine wunderbar zarte Konsistenz. Er kann mit bis zur doppelten Mehlmenge zubereitet werden, ist dann stabiler, dafür aber nicht mehr so fein.

Schnell zubereitet

Schweinsöhrchen

Für 16 Stück

1 Packung tiefgekühlter Blätterteig (300–400 g)

100 g Hagelzucker zum Verzieren

20 Minuten Arbeitszeit
15–20 Minuten Backzeit

1 Den Blätterteig auftauen lassen. Die Hälfte des Zuckers auf die Arbeitsfläche streuen und den Blätterteig darauf zu einem knapp 1 Zentimeter dicken Rechteck auswellen.

2 Den Backofen auf 200 °C (Umluft 180 °C, Gas Stufe 3–4) vorheizen. Ein Blech mit kaltem Wasser abspülen.

3 Den restlichen Zucker auf die Teigplatte streuen und diese von den beiden schmalen Seiten her jeweils bis zur Mitte aufrollen. Von der Teigrolle etwa 1 Zentimeter dicke Scheiben abschneiden. Die Teigscheiben mit 2 bis 3 Zentimeter Abstand auf das Blech legen.

4 Das Blätterteiggebäck auf der mittleren Schiene des Backofens in 15 bis 20 Minuten goldbraun backen. Am besten frisch verzehren.

Flotter geht es kaum: Blätterteig formen, mit Hagelzucker bestreuen, backen – fertig sind die Schweinsöhrchen!

Kraftpakete für unterwegs

Kleingebäck muss nicht immer zart und zerbrechlich sein, es gibt durchaus auch robuste und handfeste Versionen: Gebäck, das sich beispielsweise in einem Picknickkorb, im Marschgepäck beim Wandern oder in der Pausenbrotdose findet. Die hier vorgestellten Rezepte enthalten viele kernige und fruchtige Komponenten, haben also Biss, versorgen mit Energie – und schmecken herrlich!

Ohne Ei

Müslischnitten mit Amaranth

Für etwa 36 Stück

- 100 g beliebige Trockenfrüchte, z. B. Aprikosen, Datteln, Feigen
- 100 g Rosinen
- 100 g beliebige Nüsse
- 50 g Sonnenblumen- oder Kürbiskerne
- 150 g Mehl
- etwa 150 g feine Haferflocken
- 1 gestrichener TL Backpulver
- 1 TL Zimtpulver
- 50 g gepuffter Amaranth (siehe Tipp)
- 1 unbehandelte Zitrone
- 4 EL Sonnenblumenöl
- 2 mittelgroße süße Äpfel
- 1–2 EL gepuffter Amaranth zum Bestreuen
- Fett und 2–3 EL Haferflocken für das Blech

50 Minuten Arbeitszeit
25–30 Minuten Backzeit

1 Die Trockenfrüchte grob hacken. Mit den Rosinen in eine Schüssel geben, mit 1/4 Liter kochendem Wasser übergießen und etwa 30 Minuten quellen lassen.

2 Die Nüsse fein reiben. Die Sonnenblumen- oder Kürbiskerne in einer Pfanne unter Rühren leicht rösten und abkühlen lassen.

3 Das Mehl mit den Haferflocken, dem Backpulver und dem Zimt vermengen und die Mischung dann zu den eingeweichten Trockenfrüchten geben. Nüsse, Sonnenblumen- oder Kürbiskerne und den Amaranth dazugeben.

4 Die Zitrone heiß abwaschen, trocknen, die Schale abreiben und den Saft auspressen. Zitronenschale und 1 Esslöffel Saft mit dem Öl unter den Teig rühren.

5 Die Äpfel waschen, trocknen und mit der Schale auf einer mittelgroben Raspel direkt in die Schüssel zum Teig raspeln und ebenfalls unterrühren. Der Teig soll geschmeidig und weich sein, wenn nötig noch etwas mehr Haferflocken oder etwas Zitronensaft dazugeben.

6 Den Backofen auf 180 °C (Umluft 160 °C, Gas Stufe 2–3) einstellen. Ein Backblech gründlich fetten und den Boden dicht mit den Haferflocken bestreuen.

7 Den Teig in Portionen auf dem Blech verteilen. Mit einem nassen Teigschaber etwa 1 Zentimeter dick auf dem Blech verstreichen. Den Amaranth darüber streuen. Die Teigplatte im heißen Ofen auf der mittleren Schiene 25 bis 30 Minuten backen.

8 Die fertig gebackene Teigplatte auf dem Blech etwa 5 Minuten auskühlen lassen. Dann in 6 x 4 Zentimeter große Stücke schneiden und diese auf dem Kuchengitter vollständig auskühlen lassen.

Tipp der Bäckerin

Gepufften Amaranth bekommen Sie im Reformhaus oder Naturkostladen. Er schmeckt nussig aromatisch und ist sehr gesund. Sollten Sie keinen Amaranth bekommen, können Sie ersatzweise auch Kokosflocken verwenden.

Kleine Kraftreserven wie die Müslischnitten sind beim Sport nie fehl am Platz.

Liefert den vollen, konzentrierten Fruchtgeschmack: getrocknetes Obst.

Trockenfrüchte sollten möglichst ungeschwefelt sein: Denn das Schwefeldioxid, das zur Konservierung eingesetzt wird, zerstört im Körper Vitamin B1 und kann bei empfindlichen Menschen Kopfschmerzen, Durchfall und sogar Asthma auslösen.

Beliebter Klassiker

Früchteschnitten

Für 48 Stück

- 3 Eier
- 1 Päckchen Vanillezucker
- 5 Tropfen Zitronen-Backaroma
- 1 Prise Salz
- 50–60 g Sahne
- 150 g Mehl
- 1 gestrichener TL Backpulver
- 400 g gemischte Trockenfrüchte, z. B. Feigen, Pflaumen, Aprikosen, Rosinen, Äpfel
- 150 g Haselnüsse oder Mandeln
- Backpapier oder Fett für das Blech

40 Minuten Arbeitszeit
20–25 Minuten Backzeit

1 In einer Rührschüssel Eier mit Vanillezucker, Zitronen-Backaroma, Salz und Sahne cremig rühren. Mehl mit dem Backpulver vermischen und einrühren.

2 Trockenfrüchte und Nüsse oder Mandeln auf einem großen Brett oder im Blitzhacker grob hacken. Die zerkleinerten Zutaten in den Teig einrühren. Der Teig soll gut streichfähig sein, ansonsten noch etwas Sahne einrühren.

3 Den Backofen auf 180 °C (Umluft 160 °C, Gas Stufe 2–3) einstellen und ein Blech mit Backpapier auslegen oder einfetten.

4 Die Masse mit einem Teigschaber gleichmäßig auf das Blech streichen. Die Teigplatte im heißen Ofen auf der mittleren Schiene 20 bis 25 Minuten backen.

5 Die fertig gebackene Teigplatte noch warm in Quadrate oder Rechtecke schneiden und die Früchteschnitten zum Auskühlen auf ein Kuchengitter setzen.

Tipps der Bäckerin

Wenn Sie eine Küchenmaschine mit einem rotierenden Messer (Kompakt-Küchenmaschine) haben, können Sie Nüsse/Mandeln und feste Trockenfrüchte darin zusammen zerkleinern. Feigen sollten Sie jedoch immer separat hacken, sonst verklebt die Masse. Wer möchte, ersetzt einen kleinen Teil der Nüsse oder Mandeln durch Sesamsamen.

Schnell zubereitet

Rosinenplätzchen

Für etwa 50 Stück

- 125 g Rosinen
- 100 g weiche Butter
- 100 g Zucker
- 1/2 TL gemahlene Vanille
- 2 Eier
- 1 unbehandelte Zitrone
- 250 g Mehl
- 1 Messerspitze Backpulver
- Backpapier oder Fett für das Blech

30 Minuten Arbeitszeit
10–15 Minuten Backzeit

1 Die Rosinen mit kochendem Wasser überbrühen, kurz ziehen lassen, abtropfen lassen und auf Küchenpapier trocknen.

2 Butter mit Zucker, Vanille und den Eiern cremig rühren. Die Zitrone heiß abwaschen, trocknen, die Schale abreiben und in die Schaummasse rühren.

3 Mehl mit Backpulver und den Rosinen vermischen und vorsichtig mit der Schaummasse vermengen.

4 Den Backofen auf 190 °C (Umluft 170 °C, Gas Stufe 3) einstellen und ein Blech mit Backpapier auslegen oder einfetten.

5 Mit einem nassen Teelöffel nussgroße Portionen vom Teig abnehmen und mit 2 bis 3 Zentimeter Abstand auf das Blech setzen.

6 Die Plätzchen im heißen Ofen auf der mittleren Schiene 10 bis 15 Minuten backen. Die Rosinenplätzchen auf einem Kuchengitter auskühlen lassen.

Tipps der Bäckerin

Diesen Rührteig können Sie auch sehr gut in kleinen Papierförmchen backen. Die Rosinenküchlein sind dann besonders gut zum Mitnehmen und Aus-der-Hand-essen geeignet. So machen sie sich auch sehr schön auf einem Kuchenbüfett.
Natürlich können Sie statt der Rosinen auch die kleineren schwarzen Korinthen nehmen; sie sind ein bisschen fester und schmecken etwas kräftiger. Oder sie verwenden die beliebten großen hellen und sehr süßen Sultaninen.
Wer Rumaroma schätzt, lässt die Rosinen in heißem Rumwasser (Wasser mit einem Drittel Rum) weichen. Zu den Rumrosinen passt dann statt Zitronenschale sehr gut abgeriebene Orangenschale.

Diese Plätzchen sind nicht nur mit getrockneten Weintrauben ein Genuss, man kann sie beispielsweise auch mit klein geschnittenen Aprikosen zubereiten.

Rosinen sind getrocknete Weinbeeren. Man unterscheidet u. a. die schwarzen kernlosen Korinthen und die goldgelben, ebenfalls kernlosen Sultaninen.

Raffiniert

Dattel-Nuss-Ecken

Für diese beiden Rezepte benötigen Sie getrocknete Datteln, mit frischen würde der Teig zu feucht. Manche Geschäfte bieten bereits entkernte Datteln an, damit entfällt das etwas mühselige Entsteinen der Früchte.

Für etwa 20 Stück
(1 Kastenform von 35 cm Länge)

Für den Teig:
- 50 g Haselnüsse
- 300 g Mehl
- 160 g Butter
- 1 Ei
- 100 g Zuckerrübensirup

Für die Füllung:
- 50 g Mandeln
- 200 g Datteln
- 1 TL Zimtpulver
- 1 Messerspitze gemahlene Nelken
- 1 Messerspitze gemahlener Kardamom
- 50 g Zuckerrübensirup
- Backpapier für die Form
- 200 g weiße oder braune Kuvertüre zum Verzieren

20 Minuten Arbeitszeit
40 Minuten Ruhezeit
15–20 Minuten Backzeit

Die rotbraunen, zuckerreichen Datteln schmecken angenehm honigartig. Sie sollten dick, prall und weich sein.

1 Die Haselnüsse fein reiben oder im Blitzhacker fein zerkleinern und mit dem Mehl vermischen. Die Butter in Stückchen darauf setzen. Ei und Sirup dazugeben und alles mit den Knethaken des Handrührers zu einem festen Teig verarbeiten. Den Teig zu einer Kugel formen und zugedeckt für 40 Minuten kühl stellen.

2 Die Mandeln mittelgrob hacken. Die Datteln entsteinen und fein hacken. Beides mit Mandeln, Zimt, Nelken, Kardamom und dem Sirup vermischen.

3 Den Backofen auf 200 °C (Umluft 180 °C, Gas Stufe 3–4) einstellen. Die Form mit Backpapier auslegen.

4 Den Teig zu einem Rechteck in der Länge der Kastenform und gut doppelter Breite auswellen. Mit der Kastenform zwei Rechtecke in der Länge der Form markieren und ausschneiden.

5 Eine Teigplatte auf den Boden der Backform legen und die Mandel-Dattel-Masse darauf streichen. Die zweite Teigplatte darauf setzen und alles im heißen Backofen auf der mittleren Schiene 15 bis 20 Minuten backen.

6 Den Kuchen mit dem Backpapier aus der Form heben und auf einem Kuchengitter abkühlen lassen. Dann den Kuchen in 3 bis 5 Zentimeter breite Streifen schneiden, diese wiederum in Quadrate und danach in Dreiecke schneiden.

7 Die Kuvertüre schmelzen und jeweils eine Ecke der Dattel-Nuss-Ecken zur Hälfte darin eintauchen.

Fein zu Wein

Dattelhäufchen

Für etwa 70 Stück
150 g Datteln, 150 g Mandeln
3 Eiweiß, 1 Prise Salz
150 g Zucker
1/2 TL gemahlene Vanille
1 Fläschchen Rum-Backaroma
2 EL Stärkemehl
Backpapier für das Blech

30 Minuten Arbeitszeit
50 Minuten Backzeit

1 Datteln entkernen und fein würfeln. Mandeln mittelgrob hacken.

2 Eiweiß mit Salz steif schlagen, den Zucker einrieseln lassen und weiterschlagen, bis eine feste Masse entstanden ist, in der ein Messerschnitt sichtbar bleibt.

3 Mandeln, Datteln, Vanille, Rum-Backaroma und Stärkemehl vorsichtig unter die Eiweißmasse heben. Den Backofen auf 120 °C (Umluft 100 °C, Gas Stufe 1) einstellen und ein Blech mit Backpapier auslegen.

4 Die Plätzchenmasse mit zwei Teelöffeln mit 2 bis 3 Zentimeter Abstand auf das Blech setzen. Auf der mittleren Schiene etwa 50 Minuten mehr trocknen als backen.

Wenn die Puste ausgeht und der kleine Hunger kommt, sind die Dattel-Nuss-Ecken genau richtig.

Zitronat ist das ganze Jahr über im Backregal des Supermarkts bereits gehackt erhältlich. Vorwiegend um die Weihnachtszeit kann man Zitronat jedoch – vor allem in Reformhäusern und Naturkostläden – auch am Stück bekommen.

Beliebter Klassiker

Süße Hausfreunde

Für etwa 70 Stück

- 125 g weiche Butter
- 160 g Zucker
- 1 Päckchen Vanillezucker
- 3 Eier
- 1 EL Rum
- 300 g Mehl
- 2 TL Backpulver
- Backpapier oder Fett für das Blech
- 150 g beliebige Nüsse
- 150 g bittere Schokolade
- 100 g gewürfeltes Zitronat
- 150 g Rosinen

30 Minuten Arbeitszeit
20–25 Minuten Backzeit

1 Die Butter mit Zucker, Vanillezucker, Eiern und Rum verrühren. Mehl mit Backpulver vermischen und einrühren.

2 Den Backofen auf 190 °C (Umluft 170 °C, Gas Stufe 3) einstellen und ein Blech mit Backpapier auslegen oder einfetten.

3 Nüsse und Schokolade fein reiben oder im Blitzhacker zusammen fein zerkleinern. Zitronat und Rosinen zusammen fein hacken. Nüsse, Schokolade, Zitronat und Rosinen unter den Teig heben.

4 Den Teig mit einem nassen Teigschaber etwa 1 Zentimeter dick auf das Blech streichen und auf der mittleren Schiene des heißen Backofens 20 bis 25 Minuten backen. Den Teig noch warm in Streifen oder Rauten schneiden.

Zitronat (auch Sukkade) sind die in Salzwasser eingelegten und anschließend in Zucker eingekochten Schalen einer kopfgroßen Zitronenart.

Tipps der Bäckerin

Nach Belieben können Sie die Schnitten noch mit einer Seite in flüssige Kuvertüre tauchen, dann sind die süßen Hausfreunde jedoch nicht mehr so gut zum Mitnehmen geeignet.
Anstelle von Rosinen passen auch gut Aprikosen oder Backpflaumen. Und wer es bunt mag, ersetzt einfach die Hälfte der Rosinen durch kandierte Kirschen.

Gelingt leicht

Wespennester

Für etwa 80 Stück
- 250 g Mandeln
- 200 g Zucker
- 1 Päckchen Vanillezucker
- 3 Eiweiß
- 1 Prise Salz
- 100 g Schokoladenplättchen oder -streusel
- 1 Prise gemahlene Nelken
- Backpapier für das Blech oder 80 Oblaten (4 cm Ø)

40 Minuten Arbeitszeit
15–20 Minuten Backzeit

1 Die Mandeln mit kochendem Wasser überbrühen und einige Minuten ziehen lassen. Dann die Mandelkerne aus den braunen Häutchen drücken und die Kerne trocknen.

2 Die Mandeln in Stifte schneiden oder grob hacken. Die Mandelstifte in einem Topf unter Rühren hellbraun rösten. 3 Esslöffel Zucker mit dem Vanillezucker dazugeben. Den Zucker bei mittlerer Hitze unter Rühren leicht karamellisieren lassen, dann den Topf beiseite stellen und abkühlen lassen.

3 Eiweiß mit Salz steif schlagen, den restlichen Zucker einrieseln lassen und weiterschlagen, bis eine feste Masse entsteht. Die Schokolade, gemahlene Nelken und den zerbröckelten Mandelkaramell vorsichtig unter den Eischaum heben.

4 Den Backofen auf 180 °C (Umluft 160 °C, Gas Stufe 2–3) einstellen und ein Blech mit Backpapier oder den Oblaten auslegen.

5 Die Plätzchenmasse mit zwei Teelöffeln mit 1 bis 2 Zentimeter Abstand auf das Blech setzen und die Wespennester im heißen Ofen auf der mittleren Schiene 15 bis 20 Minuten backen.

Tipp der Bäckerin

Besonders schnell geht die Zubereitung der Wespennester, wenn Sie fertige Mandelstifte verwenden.

Beim Karamellisieren des Zuckers darauf achten, dass der Karamell nicht zu dunkel wird, sonst schmeckt er bitter. Den Topf dann am besten sofort in ein kaltes Wasserbad stellen, damit der Karamell nicht weiterkocht.

Die aus den Häutchen gelösten Mandeln lassen sich am besten mit einem großen Küchenmesser in Stifte hacken.

Schnell zubereitet

Hafer-Kokos-Plätzchen

Tipp der Bäckerin

Nach Belieben können Sie die Hafer-Kokos-Plätzchen noch mit einem Zuckerguss oder mit Schokolade überziehen.

Für etwa 40 Stück

- 100 g weiche Butter
- 150 g brauner Zucker
- 1 Prise Salz
- 1 Ei
- 125 g Mehl
- 1/2 TL Backpulver
- 30 g Haferflocken
- 30 g Kokosflocken
- 30 g Sesamsamen
- Backpapier oder Fett für das Blech
- Schokostreusel zum Bestreuen

30 Minuten Arbeitszeit
8–10 Minuten Backzeit

1 Die Butter mit Zucker, Salz und dem Ei schaumig rühren. Das Mehl mit Backpulver, Haferflocken, Kokosflocken und Sesamsamen vermischen und unter die Butterschaummasse heben.

2 Den Backofen auf 220 °C (Umluft 200 °C, Gas Stufe 4–5) einstellen und ein Blech mit Backpapier auslegen oder einfetten.

3 Mit zwei Teelöffeln kleine Teighäufchen auf das Blech setzen und mit Schokostreuseln bestreuen.

4 Die Hafer-Kokos-Plätzchen im heißen Ofen 8 bis 10 Minuten auf der mittleren Schiene backen. Die Plätzchen auf einem Kuchengitter auskühlen lassen.

Ohne Ei

Hafer-Erdnuss-Plätzchen

Für etwa 60 Stück

- 125 g weiche Butter
- 80 g Zucker
- 1 TL gemahlene Vanille
- 80 g Mehl
- 1 gestrichener TL Backpulver
- 125 g kernige Haferflocken
- 100 g ungesalzene Erdnüsse
- Backpapier für das Blech

20 Minuten Arbeitszeit
10–15 Minuten Backzeit

1 Die Butter mit Zucker und Vanille cremig rühren. Das Mehl mit dem Backpulver und den Haferflocken vermischen und unterrühren. Die Erdnüsse grob hacken und unter den Teig heben.

2 Den Backofen auf 180 °C (Umluft 160 °C, Gas Stufe 2–3) einstellen und ein Blech mit Backpapier auslegen.

3 Mit zwei Teelöffeln kleine Häufchen auf das Blech setzen und die Hafer-Erdnuss-Plätzchen auf der mittleren Schiene in 10 bis 15 Minuten goldbraun backen.

Tipp der Bäckerin

Anstelle der Erdnüsse können Sie auch Walnüsse verwenden, das schmeckt besonders fein.

Schnell zubereitet

Fruchtmakronen

Für etwa 40 Stück
150 g Trockenfrüchte, z. B. Feigen, Aprikosen, Datteln, Birnen
100 g gehäutete Mandeln
2 Eiweiß, 1 Prise Salz
80 g Puderzucker
1/2 TL Zimtpulver
1 TL abgeriebene Schale von 1 unbehandelten Zitrone
1–2 EL feine Haferflocken
Backpapier für das Blech

30 Minuten Arbeitszeit
20–25 Minuten Backzeit

1 Die Trockenfrüchte fein hacken. Die Mandeln fein reiben oder im Blitzhacker fein zerkleinern.

2 Eiweiß mit dem Salz steif schlagen, den Zucker einrieseln lassen und schlagen, bis ein Messerschnitt sichtbar bleibt. Mandeln, Zimt, Zitronenschale, Trockenfrüchte und Haferflocken vorsichtig unterheben.

3 Den Backofen auf 180 °C (Umluft 160 °C, Gas Stufe 2–3) einstellen, ein Blech mit Backpapier auslegen. Vom Teig mit zwei nassen Teelöffeln kleine Häufchen auf das Blech setzen. Die Makronen auf der mittleren Schiene 20 bis 25 Minuten backen.

Die Fruchtmakronen kann man auch mit Hilfe eines Spritzbeutels oder einer Gebäckspritze mit großer Tülle dekorativ auf das Backblech spritzen.

Wenn es einmal besonders edel sein soll, kann man die Hälfte der Sonnenblumenkerne durch Pinienkerne mit ihrem feinen, leicht harzigen Geschmack ersetzen.

Schnell zubereitet

Sonnenblumenplätzchen

Für etwa 40 Stück

100 g Sonnenblumenkerne
60 g Sonnenblumenöl
60–80 g Honig oder Zucker
2 Eier
1 TL gemahlene Vanille
120 g feine Haferflocken
50 g Dinkelmehl (ersatzweise Weizenmehl)
1 TL Backpulver
50 g Schokoplättchen oder -streusel
Backpapier oder Fett für das Blech
etwa 4 EL Sonnenblumenkerne

25 Minuten Arbeitszeit
10–12 Minuten Backzeit

1 Die Sonnenblumenkerne in einer Pfanne ohne Fett unter Rühren leicht anbräunen, auf einem Teller auskühlen lassen.

2 Öl mit Honig oder Zucker, Eiern und der Vanille cremig rühren. Die Haferflocken mit Mehl und Backpulver vermischen und dazugeben.

3 Die Hälfte der abgekühlten Sonnenblumenkerne im Blitzhacker fein zerkleinern und zusammen mit den ganzen Sonnenblumenkernen und den Schokoplättchen oder -streuseln mit den restlichen Zutaten vermischen.

4 Den Backofen auf 180 °C (Umluft 160 °C, Gas Stufe 2–3) einstellen und ein Blech mit Backpapier auslegen oder einfetten.

5 Mit zwei Teelöffeln walnussgroße Häufchen mit etwa 4 Zentimeter Abstand auf das Blech setzen. Jeweils einige Sonnenblumenkerne darauf geben.

6 Die Plätzchen auf der mittleren Schiene 10 bis 12 Minuten backen, bis sich die Ränder leicht bräunen. Erst 5 Minuten auf dem Blech ruhen lassen, dann auf ein Kuchengitter setzen und auskühlen lassen.

So macht die Brotzeit Spaß: Zu Kaffee aus der Thermoskanne gibt es kernige Plätzchen mit gerösteten Sonnenblumenkernen.

Wildstrubel

Tipp der Bäckerin

Anstelle der Mandelstifte passen auch andere grob gehackte Nusssorten in die Knusperhäufchen. Und einen Teil der Kerne können Sie gut durch Sesamsamen ersetzen.

Gelingt leicht

Knusperhäufchen

Für etwa 40 Stück
- 50 g Sonnenblumenkerne
- 50 g Mandelstifte
- 50 g Kürbiskerne
- 150 g Haferflocken
- 1 unbehandelte Zitrone
- 50 g weiche Butter
- 50 g gewürfeltes Zitronat
- Backpapier oder Fett für das Blech
- 2 Eier
- 50 g Zucker

40 Minuten Arbeitszeit
8–10 Minuten Backzeit

1 Die Sonnenblumenkerne in einer Pfanne unter ständigem Rühren leicht rösten.

2 Sobald die Sonnenblumenkerne zu duften beginnen, Mandeln, Kürbiskerne und Haferflocken zu den Sonnenblumenkernen geben und kurz mitrösten. Die Pfanne beiseite stellen und die Zutaten etwas abkühlen lassen.

3 Die Zitrone heiß abwaschen, trocknen und die Schale dünn abreiben. Zitronenschale, Butter und das Zitronat zu der gerösteten Kern-Flocken-Mischung in die Pfanne geben und unterrühren.

4 Den Backofen auf 160 °C (Umluft 140 °C, Gas Stufe 1–2) einstellen und ein Blech mit Backpapier auslegen oder einfetten.

5 In einer Schüssel Eier mit Zucker verrühren, bis die Masse cremig ist. Die Knuspermasse in die Eiercreme einrühren.

6 Vom Teig mit zwei Teelöffeln kleine Häufchen mit 1 bis 2 Zentimeter Abstand auf das Blech setzen und auf der mittleren Schiene des Backofens 8 bis 10 Minuten backen.

Die dunkelgrünen Kürbiskerne sind eine gesunde Knabberei für zwischendurch.

Rezeptregister

Die Autorin
Johanna Handschmann war lange Jahre Hauswirtschaftslehrerin und Fachschulrätin. Heute lebt und arbeitet sie als freie Autorin in der Nähe vom Bodensee. Sie hat bereits viele Kochbücher veröffentlicht und ist vor allem als Fachautorin zu den Themen »Gesunde Küche« und »Trennkost« in Erscheinung getreten.

Der Fotograf
Aufgewachsen auf dem flachen Land in Schleswig-Holstein, lebt der Fotograf Michael Holz seit 15 Jahren in Hamburg. In seinem Studio auf St. Pauli arbeitet er heute für viele Verlage und Werbeagenturen. Hier realisiert er am liebsten Projekte, bei denen er seine Erfahrungen aus der intensiven Arbeit in den unterschiedlichsten Gebieten der Fotografie kombinieren kann – von Landschaftsfotografie über Beauty und People bis zu Arbeiten für die Musikbranche. Aktuelle Arbeiten sind im Internet unter www.zauberhaus.com zu sehen.

Bildnachweis
Titelbild: Foodcentrale (Rolf Seiffe), Hamburg.
Alle restlichen Bilder stammen von Michael Holz, Hamburg, mit Ausnahme der Freisteller: Südwest Verlag, München

Hinweis
Das vorliegende Buch ist sorgfältig erarbeitet worden. Dennoch erfolgen alle Angaben ohne Gewähr. Weder Autorin noch Verlag können für eventuelle Nachteile oder Schäden, die aus den im Buch gemachten praktischen Hinweisen resultieren, eine Haftung übernehmen.

Impressum
Südwest Verlag
Südwest ist ein Unternehmen der Ullstein Heyne List GmbH & Co. KG, München.

Lektorat: Claudia Schmidt
Projektleitung: Alexandra Endres
Bildredaktion: Ute Schoenenburg
Foodfotografie: Michael Holz
Produktion: Angelika Kerscher, Gabriele Kutscha
Layout: Manuela Hutschenreiter
Umschlag: Jan-Dirk Hansen
DTP: Maren Scherer, München

Printed in Italy

Gedruckt auf chlor- und säurearmem Papier

ISBN 3-517-06695-8